Christian Reuter

Schelmuffskys wahrhaftige, kuriöse und sehr gefährliche Reisebeschreibung zu Wasser und zu Lande

Verlag
der
Wissenschaften

Christian Reuter

Schelmuffskys wahrhaftige, kuriöse und sehr gefährliche Reisebeschreibung zu Wasser und zu Lande

ISBN/EAN: 9783957001542

Auflage: 1

Erscheinungsjahr: 2014

Erscheinungsort: Norderstedt, Deutschland

Hergestellt in Europa, USA, Kanada, Australien, Japan
Verlag der Wissenschaften in Hansebooks GmbH, Norderstedt

Cover: Foto ©Jörg Kleinschmidt / pixelio.de

Verlag
der
Wissenschaften

Einleitung.

Der Leipziger Student Christian Reuter, der im Jahre 1696 »Schelmuffskys wahrhaftige, curiöse und sehr gefährliche Reisebeschreibung zu Wasser und Lande« anonym erscheinen ließ, ist als der Verfasser eines der lustigsten Bücher unserer Literatur, das die Aufschneidereien des weltberühmten Freiherrn von Münchhausen noch übertrumpft, erst vor wenigen Jahrzehnten aus der selbstgewählten Verborgenheit an das Licht gezogen worden. Von seinem L e b e n wissen wir, abgesehen von seinen tollen Studentenjahren, über die uns die umständlichen Disziplinarakten eines hochlöblichen akademischen Senats Auskunft geben, herzlich wenig; aber gerade die Leipziger Jahre Reuters, der, 1665 als Sohn eines Bauern in der Nähe von Zörbig bei Halle geboren, 1694 die Universität bezog, sind mit der Entstehung des »Schelmuffsky« auf das engste verknüpft und bieten auch sonst ein interessantes Bild von dem akademischen Leben jener Tage.

Christian Reuter, den wir uns als einen frischen, übermütigen Burschen, dem ein gehöriger Schalk im Nacken saß, denken müssen, wohnte als Student in dem Hause »Zum roten Löwen« auf dem Brühl bei einer gewissen Frau Müller, die verwitwet war und eine Reihe erwachsener Kinder, drei Söhne und zwei Töchter, hatte. Die F a m i l i e   M ü l l e r , dummstolz und hoffärtig, scheint wegen ihrer ungebildeten, stereotypen Redensarten in studentischen Kreisen ein beliebtes Ziel des Spottes gebildet zu haben; der älteste Sohn Eustachius, das Urbild des Schelmuffsky, war ein Aufschneider und Tagedieb und nach einer gemäß der Sitte junger Edelleute angeblich von ihm unternommenen Auslandreise in das mütterliche Haus zurückgekehrt, wo er sich nicht wenig aufspielte und durch einen liederlichen Lebenswandel die Wirtschaft herunterbrachte. Es dauerte nicht lange, so geriet Reuter, wohl wegen rückständiger Miete, mit seinen Wirtsleuten in Streit und mußte, nachdem ihm, wie es scheint, übel mitgespielt worden war, das Haus verlassen.

Aber die Familie Müller sollte das bald bitter bereuen. Reuter, dem es wahrlich nicht an schlagfertigem Witz gebrach, wußte sich zu rächen und schrieb das Lustspiel »*L'honnête femme* oder die ehrliche Frau zu Plissine«, worin er unter Anlehnung an Molières Komödie »Die lächerlichen Preziösen« die ganze Familie — seine frühere Wirtin tritt unter dem Namen »Die ehrliche Frau Schlampampe«, der Sohn Eustachius unter dem Namen »Schelmuffsky« auf — in der blutigsten Weise verhöhnte. Die Gestalten des Stückes sind mit nicht geringer dramatischer Lebendigkeit und derbkomischer Kraft nach dem Leben gezeichnet — nicht minder auch in einem zweiten Lustspiel »Der ehrlichen Frau Schlampampe Leben und Tod«, das die Verhältnisse der Familie Müller aufs neue an den Pranger stellte.

Zwischen die Abfassung dieser beiden Stücke fällt nun die Entstehung des »S c h e l m u f f s k y«. Der erste Teil erschien zuerst 1696, im darauffolgenden Jahre entstand ein zweiter Teil und wurde mit dem umgearbeiteten ersten zusammen veröffentlicht.

Der Triumph Reuters dauerte jedoch nicht lange. Zwar hatte er die Lacher auf seiner Seite, die die unglückliche Familie reichlich mit Spott und Hohn überschütteten und vor allem nicht versäumten, den Sohn Eustachius in gebührender Weise als Schelmuffsky zu feiern; aber eine Klage nach der andern wurde von der gequälten Witwe Müller in beweglichen Worten gegen ihn erhoben, und der akademische Senat sah sich zunächst veranlaßt, Reuter mit Karzer zu bestrafen, dann aber, als der zweite Teil des Schelmuffsky erschien und mit gewaltigem Hallo unter den Studenten und in der Bürgerschaft aufgenommen war, ihn schlankweg v o n d e r U n i v e r s i t ä t z u r e l e g i e r e n. Reuter hat dann in der Folgezeit in Dresden eine Anstellung erhalten. 1703 taucht er in Berlin auf, wo er zur Krönung des Königs und noch einmal später im Jahre 1710 zu dessen Geburtstag ein Festspiel schrieb. Über seine weiteren Lebensschicksale ist so gut wie nichts bekannt.

Den »S c h e l m u f f s k y« werden wir unbedingt zu den M e i s t e r w e r k e n d e r d e u t s c h e n h u m o r i s t i s c h e n L i t e r a t u r zählen müssen. Die Prachtgestalt des Helden mit seiner Renommiersucht und grotesken Erfindungsgabe kann sich ruhig neben Falstaff sehen lassen und übertrifft an komischer Kraft jedenfalls den Münchhausen um ein bedeutendes.

Das Ganze ist wie aus einem Gusse, die bunte Fülle der Erlebnisse und drastisch ausgemalter Situationen, dazu die köstliche Selbstcharakteristik Schelmuffskys, seine stetig wiederkehrenden Redensarten, wie das zum geflügelten Wort gewordene »Der Tebel hol mer«, und die eindrucksvolle Erzählung von seiner wunderbaren Geburt werden ihre Wirkung nie verlieren. Aber der »Schelmuffsky« ist mehr als der Ausfluß persönlichen Rachegefühls und jugendlichen Übermutes einer humoristisch veranlagten Natur: er ist zugleich eine g l ä n z e n d e S a t i r e a u f d i e l ü g e n h a f t e n R e i s e s c h i l d e r u n g e n, die in jener Zeit zahlreich erschienen und begierig gelesen wurden, und vor allem auf die »alamodische« Sucht gewisser bürgerlicher Kreise, es in Haltung, Kleidung und sonstigen Gewohnheiten dem Adel gleichzutun.

Der vorliegende Abdruck hält sich genau an den Wortlaut des Originals; nur mußten einige für unsere Ohren allzu derbe Stellen, an denen die Zeitgenossen Reuters keinen Anstoß nahmen, fortbleiben. Auch ist die Rechtschreibung mehr den heutigen Verhältnissen angepaßt worden.

Charlottenburg, G. Fritz.
Mai 1912.

Christian Reuter: Schelmuffsky

1. Teil

1. Kapitel.

Deutschland ist mein Vaterland, in Schelmerode bin ich geboren, zu Sankt Malo [1] habe ich ein ganz halb Jahr gefangen gelegen und in Holland und England bin ich auch gewesen. Damit ich aber diese meine sehr gefährliche Reisebeschreibung fein ordentlich einrichte, so muß ich wohl von meiner wunderlichen Geburt den Anfang machen. Als die große Ratte, welche meiner Frau Mutter ein ganz neu seiden Kleid zerfressen, mit dem Besen nicht hatte können totgeschlagen werden, indem sie meiner Schwester zwischen den Beinen durchläuft, fällt die ehrliche Frau deswegen aus Eifer in eine solche Krankheit und Ohnmacht, daß sie ganzer vierundzwanzig Tage daliegt und kann sich, der Tebel hol mer [2], weder regen noch wenden. Ich, der ich dazumal die Welt noch niemals geschaut und nach Adam Riesens Rechenbuche vier ganzer Monat noch im Verborgenen hätte pausieren sollen, war dermaßen auch auf die sappermentsche Ratte so töricht, daß ich mich aus Ungeduld nicht länger zu bergen vermochte, und kam auf allen Vieren sporenstreichs in die Welt gekrochen. Wie ich nun auf der Welt war, lag ich acht ganzer Tage unten zu meiner Frau Mutter Füßen im Bettstroh, ehe ich mich einmal recht besinnen kunnte, wo ich war. Den neunten Tag so erblickte ich mit großer Verwunderung die Welt. O sapperment! wie kam mir alles so wüste da vor, sehr malade war ich, nichts hatte ich auf dem Leibe, meine Frau Mutter hatte alle Viere von sich gestreckt und lag da, als wenn sie vor den Kopf geschlagen wäre, schreien wollte ich auch nicht, weil ich wie ein jung Ferkelchen dalag, und wollte mich niemand sehen lassen, weil ich nackend war, daß ich also nicht wußte, was ich anfangen sollte. Endlich dachte ich, du mußt doch sehen, wie du deine Frau Mutter ermunterst, und versuchte es auf allerlei Art und Weise; bald kriegte ich sie bei der Nase, bald krabbelte ich ihr unten an den Fußsohlen, letztlich nahm ich einen Strohhalm und kitzelte sie damit in dem linken Nasenloche, wovon sie eiligst auffuhr und schrie: Eine Ratte! Eine Ratte! Da ich nun von ihr das Wort Ratte nennen hörte, war es, der Tebel hol mer, nich anders, als wenn jemand ein Schermesser nähme und führe mir damit unter meiner Zunge weg, daß ich hierauf alsobald ein erschreckliches Auweh! an zu reden fing. Hatte meine Frau Mutter nun zuvor eine Ratte! eine Ratte! geschrien, so schrie ich hernachmals wohl über hundert Mal: Eine Ratte! Eine Ratte! denn sie meinte nicht anders, es nistelte eine Ratte bei ihr unten zu ihren Füßen. Ich war aber her und kroch sehr artig an meiner Frau Mutter hinauf, guckte bei ihr oben zum Deckbett heraus und sagte: Frau Mutter, Sie fürchte sich nur nicht, ich bin keine Ratte, sondern ihr lieber Sohn; daß ich aber so frühzeitig bin auf die Welt gekomen, hat solches eine Ratte verursacht. Als dieses meine Frau Mutter hörte, Ei sapperment! wie war sie froh, daß ich so unvermutet war auf die Welt gekommen, daß sie ganz nichts davon gewußt hatte. Indem sie sich nun so mit mir eine gute Weile in ihren Armen gehätschelt hatte, stund sie mit mir auf, zog mir ein weiß Hemde an und rief die Mietsleute im ganzen Hause zusammen, welche mich alle miteinander höchst verwundernd ansahen und wußten nicht, was sie aus mir machen sollten, weil ich schon so artig schwatzen kunnte. Herr Gerge, meiner Frau Mutter damaliger Präzeptor, meinte, ich wäre gar von dem bösen Geiste besessen, denn sonst könnte es unmöglich von rechten Dingen mit mir zugehen, und er wollte denselben bald von mir austreiben. Lief hierauf eiligst in seine Studierstube und brachte ein groß Buch unter dem Arme geschleppt, damit wollte er den bösen Geist nun von mir treiben. Er machte in die Stube einen großen Kreis mit Kreide, schrieb einen Haufen kauderwelsche Buchstaben hinein und machte hinter und vor sich ein Kreuz, trat hernachmals in den Kreis hinein und fing folgendes an zu reden:

> Hokus pokus schwarz und weiß,
> Fahre stracks auf mein Geheiß
> Schuri muri aus dem Knaben,
> Weils Herr Gerge so will haben.

Wie Herr Gerge diese Worte gesprochen hatte, fing ich zu ihm an und sagte: Mein lieber Herr Präzeptor, warum nehmet Ihr doch solche Köckelpossen vor und vermeinet, ich sei von dem bösen Geiste besessen; wenn Ihr aber wissen wolltet, was die

Ursache wäre, daß ich flugs habe reden lernen und weswegen ich so frühzeitig bin auf die Welt gekommen, Ihr würdet wohl solche närrische Händel mit Eurem Hokuspokus nicht vorgenommen haben. Als sie mich dieses nun so reden höreten, O sapperment! was erweckte es vor Verwunderung vor den Leuten im Hause. Herr Gerge stund, der Tebel hol mer, da in seinem Kreise mit Zittern und Beben, daß auch die um ihn Herumstehenden alle aus der Luft mutmaßen kunnten, der Herr Präzeptor müßte wohl in keinem Rosengarten stehn.

Ich kunnte aber seinen erbärmlichen Zustand nicht länger mit ansehen, sondern fing da an, meine wunderliche Geburt zu erzählen, und wie es niemand anders als diejenige Ratte verursacht hätte, welche das seidene Kleid zerfressen, daß ich so frühzeitig auf die Welt gekommen wäre und flugs reden können. Nachdem ich nun mit vielen Umständen den sämtlichen Hausgenossen die ganze Begebenheit von der Ratte erzählt hatte, so glaubten sie hernach allererst, daß ich meiner Frau Mutter ihr Sohn wäre. Herr Gerge aber, der schämte sich wie ein Hund, daß er meinetwegen solche Narrenpossen vorgenommen hatte und vermeint, ein böser Geist müßte aus mir reden. Er war her, löschte seinen Hokuspokuskreis wieder aus, nahm sein Buch und ging stillschweigend immer zur Stubentüre hinaus. Wie auch die Leute hernach alle mit mir taten, und mich zu herzen und zu poßten, weil ich so ein schöner Junge war und mit ihnen flugs schwatzen kunnte, das wäre, der Tebel hol mer, auf keine Kuhhaut zu schreiben; ja sie machten auch alle miteinander flugs Anstalt, daß mir selben Tag noch bei großer Menge Volks der vortreffliche Name Schelmuffsky beigelegt wurde. Den zehnten Tag nach meiner wunderlichen Geburt lernte ich allmählich, wiewohl etwas langsam, an den Bänken gehn, denn ich war ganz malade, weil ich auf der Welt gar noch nichts weder gefressen noch gesoffen hatte. Was trug sich zu? Meine Frau Mutter, die hatte gleich selben Tag ein groß Faß voll Ziegenmolken auf der Ofenbank stehn; über dasselbe gerate ich so ohngefähr und titsche mit dem Finger hinein und koste es. Weil mir das Zeug nun sehr wohl schmeckte, kriegte ich das ganze Faß bei dem Leibe und soffs, der Tebel hol mer, halb aus. Wovon ich hernach ganz lebend wurde und zu Kräften kam. Als meine Frau Mutter sah, daß mir das

Ziegenmolken so wohl bekam, war sie her und kaufte hernach noch eine Ziege, denn eine hatte sie schon, die mußten mich also bis in das zwölfte Jahr meines Alters mit lauter solchem Zeuge ernähren und auferziehen. Ich kanns wohl sagen, daß ich denselben Tag, als ich gleich zwölf Jahr alt war, der Tebel hol mer, Speck ellendicke auf meinem Rücken hatte, so fett war ich von dem Ziegenmolken geworden. Bei Anfange des dreizehnten Jahres lernte ich auch alle sachte die gebratenen Kramsvögelchen und die jungen gespickten Hühnerchen abknaupeln, welche mir endlich auch sehr wohl bekamen. Da ich nun so ein bißchen besser zu Jahren kam, so schickte mich meine Frau Mutter in die Schule und vermeinte nun, einen Kerl aus mir zu machen, der mit der Zeit alle Leute an Gelehrsamkeit übertreffen würde. Ja es wäre dazumal wohl endlich was aus mir geworden, wenn ich hätte Lust, was zu lernen, gehabt, denn so klug als ich in die Schule ging, so klug kam ich auch wieder heraus. Meine größte Lust hatte ich an dem Blaserohre, welches mir meine Frau Großmutter zum Jahrmarkte von der Eselswiese mitgebracht hatte. So bald ich denn aus der Schule kam, so schmiß ich meine Bücherchen unter die Bank und nahm mein Blaserohr, lief damit auf den obersten Boden und schoß da entweder die Leute auf der Gasse mit auf die Köpfe oder nach den Spatzianern, oder knapste den Leuten in der Nachbarschaft die schönen Spiegelscheiben entzwei, und wenn sie denn so klirrten, kunnte ich recht herzlich drüber lachen; das trieb ich nun so einen Tag und alle Tage, ich hatte auch so gewiß mit meinem Blaserohr schießen gelernt, daß ich einem Sperlinge, wenn er gleich dreihundert Schritt von mir saß, damit das Lebenslicht ausblasen kunnte. Ich machte das Rabenzeug so schüchtern, wenn sie nur meinen Namen nennen hörten, so wußten sie schon, wieviel es geschlagen hatte.

Als nun meine Frau Mutter sah, daß mir das Studieren ganz nicht zu Halse wollte und nur das Schulgeld vor die lange Weile hingeben mußte, nahm sie mich aus der Schule wieder heraus und tat mich zu einem vornehmen Kaufmann, da sollte ich ein berühmter Handelsmann werden, ja ich hätte es wohl werden können, wenn ich auch Lust dazu gehabt hätte; denn anstatt da ich sollte die Nummern an den Waren merken und wie teuer die Elle müßte mit Profit verkauft werden, so hatte ich immer andere Schelmstücke in Gedanken, und wenn mich mein Patron wohin schickte, daß ich geschwinde wiederkommen sollte, so nahm ich allemal erstlich mein Blaserohr mit, ging eine Gasse auf, die andere wieder nieder und sah, wo Sperlinge saßen; oder wenn wo schöne große Scheiben in Fenstern waren und es sah niemand heraus, so knapste ich nach denselben und lief hernach immer meine Wege wieder fort; kam ich denn wieder zu meinem Herrn und war etwa ein paar Stunden über der Zeit außen gewesen, so wußte ich allemal so eine artige Lügente [3] ihm vorzubringen, daß er mir sein Lebetage nichts sagte. Zuletzt versah ichs aber dennoch auch bei ihm, daß es nicht viel fehlte, so hätte er mir mein Blaserohr auf dem Buckel entzweigeschmissen. Ich aber merkte den Braten und gab mit meinem Blaserohre Reißaus und soll nun noch wieder zu ihm kommen. Hernach so schickte er zu meiner Frau Mutter und ließ ihr sagen, wie daß ich ihm allen Unfug mit meinem Blaserohre bei den Leuten angerichtet hätte und mich ganz zur Handlung nicht schicken wollte. Meine Frau Mutter ließ dem Kaufmann aber wieder sagen, es wäre schon gut, und sie wollte mich nicht wieder zu ihm tun, weil ich indem schon von ihm weggelaufen und wieder bei ihr wäre, vielleicht kriegte ich zu sonst was Bessers Lust. Das war nun wieder Wasser auf meine Mühle, als meine Frau Mutter dem Kaufmann solches zur Antwort sagen ließ, und hatte ich zuvor die Leute auf der Gassen und die schönen Spiegelscheiben in den Fenstern nicht geschoren, so foppte ich sie hernach allererst, wie ich wieder meinen freien Willen hatte. Endlich, da meine Frau Mutter sah, daß immer Klage über mich kam, und etlichen Leuten die Fenster mußte wieder machen lassen, fing sie zu mir an: Lieber Sohn Schelmuffsky, du kömmst nun alle sachte zu besserem Verstande und wirst auch fein groß dabei: sage nur, was ich noch mit dir anfangen soll, weil du ganz und gar keine Lust zu nirgends zu hast und nur einen Tag und alle Tage nichts anders tust, als daß du mir die Leute in der Nachbarschaft mit deinem Blaserohre zum Feinde machst und mich in Ungelegenheit bringst. Ich antwortete aber meiner Frau Mutter hierauf wieder und sagte: Frau Mutter, weiß sie was? Ich will her sein [4] und fremde Länder und Städte besehen, vielleicht werde ich durch mein Reisen ein berühmter Kerl, daß hernach, wenn ich wiederkomme, jedweder den Hut vor mir muß unter den Arm nehmen, wenn er mit mir reden will. Meine Frau Mutter ließ sich diesen Vorschlag gefallen und meinte, wenn ichs so weit bringen könnte, sollte ich mich immer in der Welt umsehen, sie wollte mir schon ein Stück Geld mit auf den Weg geben, daß ich eine Weile daran zu zehren hätte. Hierauf war ich her, suchte zusammen, was ich mitnehmen wollte, wickelte alles zusammen in ein zwilchen [5] Schnupftuch, steckte es in die Ficke [6] und machte mich reisefertig; doch hätte ich mein Blaserohr auch gerne mitgenommen, allein so wußte ichs nicht mit fortzubringen und besorgte, es möchte mir unterwegens gestohlen oder genommen werden, ließ also dasselbe zu Hause und versteckte es auf dem obersten Boden hinter die Feuermauer und trat in dem vierundzwanzigsten Jahre meines Alters meine sehr gefährliche Reise an. Was ich nun in der Fremde zu Wasser und Lande überall gesehen, gehört, erfahren und ausgestanden, das wird in den folgenden Kapiteln mit höchster Verwunderung zu vernehmen sein.

[1] Hafenstadt in der Bretagne.
[2] der Teufel hole mich.
[3] aus »Lüge« und »Legende« gebildet.
[4] will mich aufmachen.
[5] von Zwillich, grobem Zeug.
[6] Tasche.

2. Kapitel.

Der Kuckuck fing gleich denselben Tag das erstemal im Jahre an zu rufen, als ich in Schelmerode von meiner Frau Mutter Abschied nahm, ihr um den Hals fiel, sie auf jedweden Backen zu guter Letzt dreimal herzte und hernach immer zum Tore hinaus wanderte. Wie ich nun vor das Tor kam, O sapperment! wie kam mir alles so weitläufig in der Welt vor, da wußte ich nun, der Tebel hol mer, nicht, ob ich gegen Abend oder gegen der Sonnen Niedergang zu marschieren sollte; hatte wohl zehnmal den Willen, wieder umzukehren und bei meiner Frau Mutter zu bleiben, wenn ich solches nicht so lästerlich verschworen gehabt, nicht eher wieder zu ihr zu kommen, bis daß ich ein brav Kerl geworden wäre. Doch hätte ich mich endlich auch nicht groß an das Verschwören gekehrt, weil ich sonst wohl eher was verschworen und es nicht gehalten hatte, sondern würde unfehlbar wieder zu meiner Frau Mutter gewandert sein, wann nicht ein Graf auf einem Schellenschlitten wäre querfeldein nach mir zugefahren kommen und mich gefragt, wie ich so da in Gedanken stünde. Worauf ich dem Grafen aber zur Antwort gab, ich wäre willens, die Welt zu besehen, und es käme mir alles so weitläufig vor, und wüßte nicht, wo ich zugehen sollte. Der Graf fing hierauf zu mir an und sagte: Monsieur, es siehet ihm was Rechts aus seinen Augen, und weil er willens ist, die Welt zu besehen, so setze er sich zu mir auf meinen Schellenschlitten und fahre mit mir, denn ich fahre deswegen auch in der Welt nur herum, daß ich sehen will, was hier und da passiert. Sobald der Herr Graf dieses gesagt, sprang ich mit gleichen Beinen in seinen Schellenschlitten hinein und steckte die rechte Hand vorne in die Hosen und die linke in den rechten Schubsack, daß mich nicht frieren sollte, denn der Wind ging sehr kalt und hatte selbige Nacht ellendicke Eis gefroren; doch war es noch gut, daß der Wind uns hintennach ging, so kunnte er mich nicht so treffen, denn der Herr Graf hielt ihn auch etwas auf, der saß hinten auf der Pritsche und kutschte, damit so fuhren wir immer in die Welt hinein und gegen Mittag zu. Unterwegens erzählten wir einander unser Herkommens; der Herr Graf machte nun den Anfang und erzählte seinen gräflichen Stand und daß er aus einem uralten Geschlechte herstammte, welches zweiunddreißig Ahnen hätte, und sagte mir auch, in welchem Dorfe seine Großmutter begraben läge, ich habe es aber wieder vergessen; hernach so schwatzte er mir auch, wie daß er, als er noch ein kleiner Junge von sechzehn Jahren gewesen wäre, seine Lust und Freude an dem Vogelstellen immer gehabt hätte und einstmals auf einmal zugleich einunddreißig Pumpelmeisen in einem Sprenkel gefangen, welche er sich in Butter braten lassen und ihm so vortrefflich bekommen wären. Nachdem er nun seinen Lebenslauf von Anfang bis zum Ende erzählt hatte, so fing ich hernach von meiner wunderlichen Geburt an zu schwatzen, wie auch von meinem Blaserohre, mit welchem ich so gewiß schießen können. O sapperment! wie sperrte der Herr Graf Maul und Nasen darüber auf, als ich ihm solche Dinge erzählte, und meinte, daß noch was Rechts auf der Welt aus mir werden würde.

Nach solcher Erzählung kamen wir an ein Wirtshaus, welches flugs an der Straße im freien Felde lag, daselbst stiegen wir ab und gingen hinein, uns ein wenig da auszuwärmen; sobald als wir in die Stube kamen, ließ sich der Herr Graf ein groß Glas geben, in welches wohl hierzulande auf achtzehn bis zwanzig Maß gehn, dasselbe ließ er sich von dem Wirte voll Branntwein schenken und brachte mirs von da auf Du und Du zu. Nun hätte ich nicht vermeint, daß der Graf das Glas voll Branntwein alle auf einmal aussaufen würde, allein er soffs, der Tebel hol mer, auf einen Soff ohne Absetzen und Bartwischen reine aus, daß sich auch der Wirt grausam darüber verwunderte. Hernach so ließ ers wieder so voll schenken und sagte zu mir: Nun allons, Herr Bruder Schelmuffsky, ein Hundsfott, der mirs nicht auch Bescheid tut. Sapperment! das Ding verdroß mich, daß der Graf mit solchen Worten flugs um sich schmiß, und fing gleich zu ihm an: Topp, Herr Bruder, ich wills Bescheid tun. Als ich dieses ihm zur Antwort gab, fing der Wirt höhnisch zu dem Grafen an zu lächeln und meinte, ich würde es unmöglich können Bescheid tun, weil der Herr Graf ein dicker, korpulenter Herr und ich gegen ihn nur ein Aufschüßling wäre und in meinen Magen das Glas voll Branntwein wohl schwerlich gehen würde. Ich war aber her und setzte mit dem Glase voll Branntwein an und soff es, der Tebel hol mer, flugs auf einen Schluck aus. O sapperment! was sperrte der Wirt vor ein paar Augen auf und sagte heimlich zum Grafen, daß was Rechts hinter mir stecken müßte. Der Graf aber klopfte mich hierauf gleich auf meine Achseln und sagte: Herr Bruder, verzeihe mir, daß ich dich zum Trinken genötigt habe, es soll hinfort nicht mehr geschehen, ich sehe nun schon, was an dir zu tun ist, und daß deinesgleichen von Konduite [7] wohl schwerlich wird in der Welt gefunden werden. Ich antwortete dem Herrn Bruder Grafen hierauf sehr artig wieder und sagte, wie daß ich wahrlich ein brav Kerl wäre und noch erstlich zu was Rechts werden würde, wenn ich weiter in die Welt hineinkommen sollte und wenn er mein Bruder und Freund bleiben wollte, sollte er mich künftig mit dergleichen Dingen verschonen. O sapperment! wie demütigte sich der Graf gegen mich und bat mirs auf seine gebogenen Knien ab und sagte, dergleichen Exzesse sollten künftig nicht mehr von ihm geschehen.

Hierauf bezahlten wir den Wirt, setzten uns wieder auf unsern Schellenschlitten und fuhren immer weiter in die Welt hinein. Wir gelangten zu Ende des Oktobers, da es schon fast ganz dunkel worden war in der berühmten Stadt Hamburg an, allwo wir mit unserm Schlitten am Pferdemarkte in einem großen Hause einkehrten, worinnen viel vornehme Standespersonen und Damens logierten. Sobald als wir da abgestiegen waren, kamen zwei italiänische Nobels [8] die Treppe oben heruntergegangen; der eine hatte einen messingenen Leuchter in der Hand, worauf ein brennendes Wachslicht brannte, und der andere eine große töpferne brennende Lampe, welche geschwippt voll Bomolie [9] gegossen war, die hießen uns da willkommen und erfreuten sich meiner wie auch des Herrn Bruders Grafen seiner guten Gesundheit. Nachdem sie nun solche Komplimente gegen uns abgelegt hatten, nahm mich der eine Nobel mit dem brennenden Wachslichte bei der Hand und der andere mit der brennenden Bomolienlampe faßte den Herrn Grafen bei dem Ärmel und führten uns da die Treppe hinauf, daß wir nicht fallen sollten, denn es waren sechs Stufen oben ausgebrochen. Wie wir nun die Treppe oben hinaufkamen, so präsentierte sich ein vortrefflicher, schöner Saal, welcher um und um mit den schönsten Tapezereien und Edelgesteinen ausgeziert war und von Gold und Silber flimmerte und flammte. Auf demselben Saale nun stunden zwei vornehme Staaten [10] aus Holland und zwei portugiesische Abgesandte, die kamen mir und meinem Herrn Bruder Grafen gleichfalls entgegengegangen, hießen uns auch willkommen und erfreuten sich ebenfalls unserer guten Gesundheit und glücklichen Anherokunft. Ich antwortete denselben flugs sehr artig wieder und sagte, wenn sie auch noch fein frisch und gesund wären, würde es mir und dem Herrn Grafen sehr lieb auch sein. Als ich mein Gegenkompliment nun auch wieder abgelegt hatte, so kam der Wirt in einem grünen Samtpelze auch dazu, der hatte nun ein groß Bund Schlüssel in der Hand, hieß uns auch willkommen und fragte, ob ich und der Herr Graf belieben wollten, noch eine Treppe höher mit ihm zu steigen, allwo er uns anweisen wollte, wo wir unser Zimmer haben sollten.

Ich und der Herr Bruder nahmen hierauf von der sämtlichen Kompagnie mit einer sehr artigen Miene Abschied und folgten dem Wirte, daß er uns in unser Zimmer führen sollte, welches wir zu unserer Bequemlichkeit innehaben sollten. Sobald wir nun mit ihm noch eine Treppe hinaufkamen, schloß er eine vortreffliche schöne Stube auf, worinnen ein über alle Maßen galantes Bett stund und alles sehr wohl in derselben Stube aufgeputzt war; daselbst hieß er uns unsere Gelegenheit gebrauchen, und wenn wir was verlangten, sollten wir nur zum Fenster hinunterpfeifen, so würde der Hausknecht alsobald zu unsern Diensten stehen, und nahm hierauf von uns wieder Abschied. Nachdem wir uns nun so ein bischen ausgemaustert hatten, so kam der Wirt im grünen Samtpelze wieder hinauf zu uns und rief uns zur Abendmahlzeit, worauf ich und der Herr Bruder Graf gleich mit ihm gingen. Er führte uns die Treppe wieder hinunter über den schönen Saal weg und in eine große Stube, allwo eine lange Tafel gedeckt stund, auf welche die herrlichsten Traktamenten getragen wurden. Der Herr Wirt hieß uns da ein klein wenig verziehen, die andern Herren wie auch Damens würden sich gleich auch dabei einfinden und uns Kompagnie leisten.

Es währte hierauf kaum so lange, als er davon geredet hatte, so kamen zu der Tafelstube gleich auch hineingetreten die zwei italienischen Nobels, welche uns zuvor bekomplimentiert hatten, ingleichen auch die zwei Staaten aus Holland und die zwei portugiesischen Abgesandten, und brachte ein jedweder eine vornehme Dame neben sich an der Hand mit hinein geschleppt. O sapperment! als sie mich und meinen Herrn Bruder Grafen dastehen sahen, was machten sie alle mit einander vor Reverenzen gegen uns, und absonderlich die Menscher [11], die sahen uns, der Tebel hol mer, mit rechter Verwunderung an. Da nun die ganze Kompagnie beisammen war, welche mitspeisen sollte, nötigten sie mich und meinen Herrn Bruder Grafen, daß wir die Oberstelle an der Tafel einnehmen mußten, welches wir auch ohne Bedenken taten. Denn ich setzte mich nun ganz zu oberst an, neben mir zur linken Hand saß der Herr Bruder Graf und neben mir rechts an der Ecke saßen nacheinander die vornehmen Damens, weiter hinunter hatte ein jedweder auch seinen gehörigen Platz eingenommen. Unter währender Mahlzeit nun wurde von allerhand Staatssachen diskuriert, ich und der Bruder Graf aber schwiegen dazu stockstille und sahen, was in der Schüssel passierte, denn wir hatten in drei Tagen keiner keinen Bissen Brot gesehen.

Wie wir uns aber beide brav dicke gefressen hatten, so fing ich hernach auch an, von meiner wunderlichen Geburt zu erzählen, und wie es mit der Ratte wäre zugangen, als sie wegen des zerfressenen seidenen Kleides hätte sollen totgeschlagen werden. O sapperment! wie sperrten sie alle Mäuler und Nasen auf, da ich solche Dinge erzählte, und sahen mich mit höchster Verwunderung an. Die vornehmen Damens fingen gleich an darauf, meine Gesundheit zu trinken, welchen die ganze Kompagnie Bescheid tat. Bald sagte eine, wenn sie soff: Es lebe der vornehme Herr von Schelmuffsky! bald fing eine andere drauf an: Es lebe die vornehme Standesperson, welche unter dem Namen Schelmuffsky seine hohe Geburt verbirgt! Ich machte nun allemal eine sehr artige Miene gegen die Menscher, wenn sie meine Gesundheit so nach der Reihe soffen. Die eine vornehme Dame, welche flugs neben mir an der Tischecke zur rechten Hand saß, die hatte sich wegen der Begebenheit von der Ratte ganz in mich verliebt. Sie druckte mir wohl über hundertmal die Fäuste überm Tische, so gut meinte sie es mit mir, weil sie sich in mich so sehr verliebt hatte, doch war es nicht zu verwundern, weil ich so artig neben ihr saß und alles dazumal, der Tebel hol mer, flugs über mich lachte. Nachdem ich nun mit meinem Erzählen fertig war, so fing mein Herr Bruder auch gleich an, von seinem Herkommen zu schwatzen und wo seine zweiunddreißig Ahnen alle herkommen, und erzählte auch, in welchem Dorfe seine Großmutter begraben läge und wie er, als er noch ein kleiner Junge von sechzehn Jahren gewesen, einunddreißig Pumpelmeisen zugleich auf einmal in einem Sprenkel gefangen hätte und was das Zeugs mehr alle war; allein er brachte alles so wunderlich durcheinander vor und mengte bald das Hundertste in das Tausendste hinein und hatte auch kein gut Mundwerk, denn er stammerte gar zu sehr, daß er auch, wie er sah, daß ihm niemand nicht einmal zuhörte, mitten in seiner Erzählung stille schwieg und sah, was sein Teller guts machte. Wenn ich aber zu diskurieren anfing, Ei sapperment! wie horchten sie alle wie die Mäuschen, denn ich hatte nun so eine anmutige Sprache und kunnte alles mit so einer artigen Miene vorbringen, daß sie mir nur, der Tebel hol mer, mit Lust zuhörten.

Nachdem der Wirt nun sah, daß niemand mehr aß und die Schüsseln ziemlich ausgeputzt waren, ließ er die Tafel wieder abräumen. Wie solches geschehen, machte ich und der Bruder Graf ein sehr artig Kompliment gegen die sämtliche Kompagnie und standen von der Tafel auf. Da sie das über Tische nun sahen, fingen sie alle miteinander an auch aufzustehen. Ich und der Herr Bruder Graf nahmen hierauf ohne Bedenken zuerst wieder unsern Weg zum Tafelgemach hinaus und marschierten nach unserm Zimmer zu. Die sämtliche Kompagnie aber begleitete uns über den schönen Saal weg und bis an unsere Treppe, wo wir wieder hinaufgehen mußten, allda nahmen sie von uns gute Nacht und wünschten uns eine angenehme Ruhe. Ich machte nun gegen sie gleich wieder ein artig Kompliment und sagte, wie daß ich nämlich ein brav Kerl wäre, der etwas müde wäre, wie auch der Herr Graf, und daß wir in etlichen Wochen in kein Bette gekommen wären. So zweifelten wir gar nicht, daß wir wacker schlafen würden, und sie möchten auch wohl schlafen. Nach dieser sehr artig gegebenen Antwort ging nun ein jedweder seine Wege, ich und mein Herr Bruder Graf gingen gleich auch die Treppe vollends hinauf und nach unsrer Stube zu. Wie wir da hineinkamen, so pfiff ich dem Hausknechte, daß er uns ein Licht bringen mußte, welcher auch augenblicks damit sich einstellte und wieder seiner Wege ging.

Dann legten wir uns beide in das schöne Bette, welches in der Stube stund. Sobald als der Herr Bruder Graf sich dahineinwälzte, fing er gleich an zu schnarchen, daß ich vor ihm kein Auge zu dem andern bringen kunnte, ob ich gleich sehr müde und schläfrig auch war. Indem ich nun so eine kleine Weile lag und lauschte, so pochte ganz sachte jemand an unsere Stubentüre an, ich fragte, wer da wäre, es wollte aber niemand antworten. Es pochte noch einmal an, ich fragte wieder, wer da wäre, es wollte mir aber niemand Antwort geben. Ich war her, sprang zum Bette heraus, machte die Stubentüre auf und sah, wer pochte. Als ich selbige eröffnete, so stund ein Mensche draußen und hatte ein klein Briefchen in der Hand, bot mir im Finstern einen guten Abend und fragte, ob der fremde vornehme Herr, welcher heute abend über Tische die Begebenheit von einer Ratte erzählt, seine Stube hier hätte. Da sie nun hörte, daß ichs selbst war, fing sie weiter an: Hier ist ein Briefchen an Sie, und ich soll ein paar Zeilen Antwort drauf bringen. Hierauf ließ ich mir den Brief geben, hieß sie ein wenig vor der Stubentüre verziehen und pfiff dem Hausknechte, daß er mir das Licht anbrennen mußte, welches er auch alsobald tat und mit einer großen Laterne die Treppe hinaufgelaufen kam. Damit so erbrach ich den Brief und sah, was drinnen stund. Der Inhalt war, wie folgt, also:

»Anmutiger Jüngling.

Woferne Euchs beliebet, diesen Abend noch mein Zimmer zu besehen, so lasset mir durch gegenwärtige Servante [12] Antwort

wissen. Adjeu! Eure affektionierte Dame, welche bei Euch heute abend über Tische an der Ecke zur rechten Hand gesessen.
La Charmante.«

Sobald ich diesen Brief nun gelesen, pfiff ich dem Hausknechte wieder, daß er mir Feder, Tinte und Papier bringen mußte, darauf setzte ich mich nur hin und schrieb einen sehr artigen Brief wieder an die Dame Charmante zur Antwort, derselbe war nun auf diese Manier eingerichtet:

»Mit Wünschung alles Liebes und
Gutes zuvor Wohl-Ehrbare
Dame Charmante.
Ich will nur erstlich meine Schuhe und Strümpfe wie auch meinen Rock wieder anziehen, hernach will ich gleich zu Euch kommen. Ihr müsset aber, Wohl-Ehrbare Dame, die Servante unfehlbar wieder zu mir schicken, daß sie mir die Wege weist, wo ich Eure Stube finden soll, und lasset sie eine Laterne mitbringen, daß ich auch nicht im Finstern falle, denn alleine komme ich, der Tebel hol mer, nicht. Warum? es ist jetzo gleich zwischen elf und zwölf, da der Henker gemeiniglich sein Spiel hat und mir leichtlich ein Schauer ankommen möchte, daß mir auf den Morgen hernach das Maul brav ausschlüge, und was würde Euch denn damit gedient sein, wenn ich eine grindige Schnauze kriegte, wornach Ihr Euch zu achten wisset. Haltet nun wie Ihrs wollt, holt das Mensche mich ab, wohl gut, kommt sie aber nicht wieder, wie bald ziehe ich mich wieder aus und lege mich wieder zu meinem Bruder Grafen ins Bette. Im übrigen lebet wohl, ich verbleibe dafür
Meiner Wohl-Ehrbaren Madame Charmante
allezeit treu-gehorsamst dienstschuldigst
reisefertigster
Schelmuffsky.«

Diesen Brief schickte ich nun der vornehmen Dame Charmante zur Antwort wieder und suchte meine Schuhe und Strümpfe unter der Bank flugs hervor, daß ich sie anziehen wollte; ich hatte kaum den einen Strumpf an das linke Bein gezogen, so stund die Servante schon wieder draußen und hatte eine große papierne Laterne in der Hand, worinnen eine töpferne Lampe mit zwei Dochten brannte, und wollte mich nach der Dame Charmante ihrem Zimmer leuchten, daß ich nicht fallen sollte. Sobald als ich mich nun angezogen, nahm ich meinen Degen, welches ein vortrefflicher Rückenstreicher war, unter den Arm und ging mit nach der Charmante ihrer Stube zu. Das Mensche, die Servante, kunnte mir mit der papiernen Laterne überaus stattlich leuchten; sie führte mich von meiner Stube an die Treppe wieder hinunter über den schönen Saal weg, einen langen Gang im Hof hinten, allwo ich sechs Treppen hoch mit ihr wieder steigen mußte, ehe ich an der Charmante ihr Zimmer kam.

Wie mir das Mensch die Stubentüre nun zeigte, so klinkte ich gleich auf und ging ohne Bedenken unangemeldet hinein. Da mich die Charmante nun kommen sah, bat sie bei mir um Verzeihung, daß ich solches nicht ungeneigt aufnehmen möchte, daß sie bei später Nacht noch zu mir geschickt und mich in ihr Zimmer bemüht hätte. Ich antwortete der Charmante aber hierauf sehr artig wieder und sagte, wie daß ich nämlich ein brav Kerl wäre, desgleichen man wohl wenig in der Welt antreffen würde, und es hätte nichts auf sich, weil ich indem vor meines Herrn Bruder Grafen seinem Schnarchen nicht einschlafen können. Als ich ihr dieses nun so mit einer überaus artigen Miene zur Antwort gab, so bat sie mich, daß ich ihr die Begebenheit doch noch einmal von der Ratte erzählen sollte, da man sie wegen des zerfressenen seidenen Kleides mit dem Besen totschlagen wollen.

Ich erzählte der Charmante hierauf augenblicks die ganze Begebenheit, so gab sie hernach Freiens bei mir vor und sagte, ich sollte sie nehmen; ich antwortete der Charmante aber hierauf sehr artig wieder und sagte, wie daß ich nämlich ein brav Kerl wäre, aus dem was Rechts noch erst werden würde, wenn er weiter in die Welt hineinkäme, und daß ich so balde noch nicht Lust hätte, eine Frau zu nehmen. Doch wollte ich ihrs nicht abschlagen, sondern es ein wenig überlegen. O sapperment! wie fing das Mensche an zu heulen und zu gransen, da ich ihr von dem Korbe schwatzte, die Tränen liefen ihr immer die Backen herunter, als wenn man mit Mulden gösse, und machte sich da ein paar Augen wie die größesten Schafkäsenäpfe groß.

Wollte ich nun wohl oder übel, daß sie sich nicht gar über mich zu Tode heulen möchte, mußte ichs, der Tebel hol mer, zusagen, daß ich keine andere als sie zur Frau haben wollte. Da nun solches geschehen, gab sie sich wieder zufrieden, und nahm ich selben Abend von ihr Abschied und ließ mich durch die Servante mit der papiernen Laterne wieder auf meine Stube leuchten und legte mich zu meinem Herrn Bruder Grafen ins Bette, welcher noch eben auf der Stelle dalag und in einem weg schnarchte. Ich war kaum ins Bette wieder hinein, so kriegte ich auch etwa seine Laune, und schnarchten da alle beide wie ein altes Pferd, welches dem Schinder entlaufen war. Den andern Tag früh, da es etwa um neun Uhr sein mochte und ich im besten Schlafe lag, so stieß jemand mit beiden Beinen an unsere Stubentür lästerlich an, daß ich aus dem Schlafe klaffternhoch vor Erschrecknis in die Höhe fuhr. Des Anschlagens wollte aber kein Ende nehmen, ich war her und sprang flugs mit gleichen Beinen aus dem Bette heraus, zog mein Hemde an und wollte sehen, wer da war. Wie ich aufmachte, so stund des einen Staatens aus Holland sein Junge draußen, welcher fragte, ob der von Schelmuffsky seine Stube hier hätte. Da ich dem Jungen nun zur Antwort gab, daß ichs selber wäre, sagte er weiter, sein Herr, der hielte mich vor keinen braven Kerl, sondern vor einen Erzbärenhäuter, wenn ich nicht zum allerlängsten um zehn Uhr heute vormittag mit einem guten Degen auf der großen Wiese vor dem Altonaischen Tore erschiene, und da wollte er mir weisen, was Räson wäre. O sapperment! wie verdroß mich das Ding, als mir der Kerl durch seinen Jungen solche Worte sagen ließ. Ich fertigte den Jungen aber alsobald mit folgender Antwort ab und sagte: Höre, Hundsfott, sprich du zu deinem Herrn wieder, ich ließe ihm sagen, warum er denn nicht selbst zu mir gekomken wäre und mir solches gesagt, ich hätte bald mit ihm fertig werden wollen; damit er aber sehen sollte, daß ich mich vor ihm nicht scheute, so wollte ich kommen und ihm nicht allein zu Gefallen einen guten Degen, welches ein Rückenstreicher wäre, mitbringen, sondern es sollten auch ein paar gute Pistolen zu seinen Diensten stehen, damit wollte ich ihm weisen, wie er den bravsten Kerl von der Fortuna ein andermal besser respektieren sollte, wenn er was an ihm zu suchen hätte. Hierauf ging des Staatens sein Junge fort und muckte nicht ein

Wort weiter, ausgenommen, wie er an die Treppe kam, so schielte er mich von der Seite mit einer höhnischen Miene recht sauer hinterrücks an und lief geschwinde die Treppe hinunter.

Ich aber war her, ging in die Stube wieder hinein, zog mich geschwinde an und pfiff dem Hausknechte, daß er eiligst zu mir kommen mußte. Welcher sich auch flugs augenblicks bei mir einstellte und sagte: Was belieben Euere Gnaden? Das Ding gefiel mir sehr wohl von dem Kerl, daß er so bescheidentlich antworten kunnte. Ich fragte ihn hierauf, ob er mir nicht ein paar gute Pistolen schaffen könnte, das und das ginge vor sich, wollte ihm keinen Schaden daran tun und er sollte dafür ein Trinkgeld zu gewarten haben. O sapperment! als der Kerl von dem Trinkgelde hörte, wie sprang er zur Stubentüre hinaus und brachte mir im Augenblick ein paar wunderschöne Pistolen geschleppt, welche dem Wirte waren; die eine mußte er mir mit großen Hasenschroten und die andere mit kleiner Dunst füllen und zwei Kugeln draufstopfen. Da solches geschehen, gürtete ich meinen Rückenstreicher an die Seite, die Pistolen steckte ich in den Gürtel und marschierte da immer stillschweigens nach dem Altonaischen Tore zu. Wie ich nun vor das Tor kam, so erkundigte ich mich nun gleich, wo die große Wiese wäre. Es gab mir aber ein kleiner Schifferjunge alsobald Nachricht davon. Da ich nun ein klein Eckchen von der Stadtmauer gegangen war, so kunnte ich die große Wiese sehen und sah, daß ihrer ein ganzer Haufen dortstunden, auf welche ich gleich sporenstreichs zumarschierte. Als ich nun bald an sie kam, sah ich, daß der eine Staate dastund und ihrer Etliche noch bei sich hatte. Ich fragte ihn aber gleich, wie ich zu ihm kam, ob er mich durch seinen Jungen vor einer Stunde wohin hätte fordern lassen und was die Ursache wäre. Worauf er mir zur Antwort gab: Ja, er hätte solches getan, und das wäre die Ursache, weil ich die vergangene Nacht bei der Madame Charmante gewesen, und das könnte er gar nicht leiden, daß ein Fremder sie bedienen sollte; war hierauf augenblicks mit der Fuchtel heraus und kam auf mich zu marschiert.

Da ich nun sah, daß er der Herr war, O sapperment! wie zog ich meinen Rückenstreicher auch vom Leder und legte mich in Positur; ich hatte ihm kaum einen Stoß auspariert, so tat ich nach ihm einen Saustoß und stach ihm, der Tebel hol mer, mit meinem Rückenstreicher die falsche Quinte zum linken Ellbogen hinein, daß das Blut armsdicke herausschoß, und kriegte ihn hernach beim Leibe und wollte ihm mit der einen Pistole, welche stark mit Dunst und Kugeln geladen war, das Lebenslicht vollends ausblasen; es wäre auch in bösem Mute geschehen, wenn nicht seine Kameraden mir wären in die Arme gefallen und gebeten, daß ich nur sein Leben schonen sollte, indem ich Revenge [13] genug hätte. Die Sache wurde auch auf vielfältiges Bitten also bemittelt, daß ich mich wieder mit ihm vertragen mußte; und zwar mit dem Bedinge, daß er mir durch seinen Jungen niemals mehr solche Worte sagen ließe, wenn ich der Madame Charmante eine Visite gegeben hätte, welches er mir auch zusagte.

In was vor Ehren ich hernach von seinen Kameraden gehalten wurde, das kann ich, der Tebel hol mer, nicht genug beschreiben, wo auch nur eine Aktion vorging, da mußte ich allezeit mit dabei sein und die Kontraparten [14] auseinandersetzen. Denn wo ich nicht dabei mit war, wenn Schlägerei vorging, und wurde nur insgeheim so vertragen, davon wurde gar nichts gehalten; wo es aber hieß, der von Schelmuffsky hat dem und dem wieder sekundiert, so wußten sie alle schon, wieviel es geschlagen hatte. Die gehabte Aktion mit dem einen Staaten aus Holland erzählte ich alsobald der Dame Charmante und sagte, daß es ihretwegen geschehen wäre. Das Mensche erschrak zwar anfänglich sehr darüber, allein wie sie hörte, daß ich mich so ritterlich gehalten hatte, sprung sie vor Freuden hoch in die Höhe und fiel mir um den Hals. Hernach so ging ich zu meinem Herrn Bruder Grafen hinauf in die Stube, welcher zwar noch im Bette lag und lauschte; demselben erzählte ichs auch, was mir schon begegnet wäre in Hamburg. Der war nun so giftig, daß ich ihn nicht aufgeweckt hatte, er hätte wollen auf seinem Schellenschlitten mit hinausfahren und mir sekundieren helfen, ich gab ihm aber zur Antwort, daß sich ein brav Kerl auch vor ihrer Hunderten nicht scheuen dürfte. Hierauf kam der Wirt im grünen Samtpelze hinauf zu uns und rief uns wieder zur Mittagsmahlzeit. O sapperment! Wie sprung mein Herr Bruder Graf aus dem Bette heraus und zog sich über Hals und Kopf an, weil er das Essen nicht versäumen wollte. Wie er sich nun angezogen hatte, marschierten wir beide mit dem

Herrn Wirte wieder hinunter zur Tafel. Es stellte sich die ganze Kompagnie bei Tische wieder ein, welche vorigen Abend mitgespeist hatte, ausgenommen der eine Staate, welchem ich die falsche Quinte durch den Arm gestoßen hatte, der war nicht da. Ich und mein Herr Bruder Graf nahmen nun ohne Bedenken die Oberstelle wieder ein. Da meinte ich nun, es würde über Tische von der Aktion was gestichelt werden, allein, der Tebel hol mer, nicht ein Wort wurde davon erwähnt, und ich hätte es auch keinem raten wollen, denn die falsche Quinte und der Saustoß lag mir noch immer im Sinne. Sie fingen von allerhand wieder an zu diskurieren und meinten, ich würde auch etwa wieder was erzählen, darüber sie sich verwundern könnten; sie gaben mir auch Anleitung dazu, allein ich tat, der Tebel hol mer, als wenn ichs nicht einmal hörte.

Die Dame Charmante fing meine Gesundheit an zu trinken, welcher die ganze Kompagnie auch wieder Bescheid tat. Mein Herr Bruder Graf fing hernach von seinen Pumpelmeisen an zu erzählen, die er auf einmal in dem Sprenkel gefangen hätte, und daß dieselben ihm so gut geschmeckt hätten, als seine verstorbene Frau Großmutter ihm solche in Butter gebraten. Über welcher einfältigen Erzählung die ganze Kompagnie lachen mußte. Nach gehaltener Mittagsmahlzeit setzte ich mich mit meiner Liebsten, der Charmante, auf eine Chaise de Roland [15] und fuhren auf den Wällen spazieren, besahen da die Ringmauer der Stadt Hamburg, wie sie gebaut war, welche denn an etlichen Orten nicht allerdings feste genug zu sein schien; ich sagte solches dem Stadtkapitän, wie sie ganz auf eine andere Manier perspektivisch könnte repariert werden. Er schriebs zwar auf: ob sie es nun werden getan haben, kann ich nicht wissen, denn ich bin von der Zeit an nicht wieder hingekommen. Nach diesem fuhren wir in die Sternschanze und besahen dieselbe auch: O sapperment! was lagen da vor Bomben, welche von voriger Belagerung waren hineingeworfen worden; ich will wetten, daß wohl eine über dreihundert Zentner schwer hatte, ich versuchte es auch, ob ich eine mit einer Hand in die Höhe heben kunnte, allein es wollte, der Tebel hol mer, nicht angehen, so schwer war sie, knapp, daß ich sie mit beiden Händen drei Ellen hoch in die Höhe heben kunnte. Von da fuhren wir hinaus an die Elbe und sahen da die Schifferjungen angeln, O sapperment! was fingen sie da vor Forellen an der Angel, es waren nicht etwa solche kleine Forellen, wie es hierzulande bei Gutenbach oder sonsten dergleichen Orten herum gibt, sondern es waren, der Tebel hol mer, Dinger, da eine Forelle gut zwanzig bis dreißig Pfund hatte. Von denselben Fischen hatte ich mich zu Hamburg ganz überdrüssig gefressen, und wenn ich die Stunde noch Forellen erwähnen höre, wird mir flugs ganz übel davon. Warum? Sie haben in Hamburg keine anderen Fische als nur Forellen jahraus, Forellen jahrein, man muß sich darinnen verstänkern, man mag wollen oder nicht, bisweilen, etwa um Lichtmeß herum, kommen irgendein paar Tonnen frische Heringe da an, aber auch gar selten, und dazu, wo erkleckt das unter so einer Menge Volk? der Tausendste kriegt keinen nicht einmal davon zu sehen.

Nachdem ich mit meiner Liebsten dem Angeln so eine Weile zugesehen, fuhren wir wieder in die Stadt und nach unserm Quartier zu; sobald als wir abstiegen, stund ein kleiner buckliger Tanzmeister im Torwege, der machte gegen die Madame Charmante wie auch gegen mich ein sehr artig Kompliment und invitierte uns [16] zu einem Balle. Meine Liebste, die Charmante, fragte mich, ob ich Lust mit hinzufahren hätte, denn sie könnte es der Kompagnie nicht abschlagen, und sie würden wohl indem alle schon auf sie warten. Ich gab ihr zur Antwort: Ich fahre schon mit und sehe, was da passiert. Hierauf gab sie dem Tanzmeister Befehl, daß sie gleich kommen wollte. O sapperment! wie sprung der Kerl vor Freuden herum, daß sie kommen wollte und noch jemand mit sich bringen. Er lief immer zum Hause hinaus und nach dem Tanzboden zu, als wenn ihm der Kopf brennte. Wir setzten uns gleich wieder auf unsere Chaise de Roland und fuhren nach dem Tanzboden zu.

Sobald als wir nun hinaufkamen, O sapperment! was war vor Aufsehens da von den vornehmen Damens und Kavalieren, welche sich auch auf dem Tanzboden eingefunden hatten; es war ein Gelispere heimlich in die Ohren, und soviel ich hören kunnte, fing bald dieser an und sagte: Wer muß doch nur der vornehme Herr sein, welchen die Madame Charmante mitgebracht hat. Bald sagte ein Frauenzimmer zu dem andern: Ist das nicht ein wunderschöner Kerl, sieht er doch flugs aus wie Milch und Blut. Solche und dergleichen Reden gingen wohl eine halbe Stunde unter der Kompagnie auf dem Tanzboden heimlich vor. Der Tanzmeister präsentierte mir einen roten Samtstuhl, worauf ich mich niedersetzen mußte, die andern aber wie auch meine Charmante mußten alle stehen. Damit so ging nun die Musik an, O sapperment! wie kunnten die Kerle streichen, sie machten mit einem Gassenhauer den Anfang, wonach der kleine bucklige Tanzmeister die erste Entree tanzte. Sapperment! wie kunnte das Kerlchen springen, es war, der Tebel hol mer, nicht anders, als wenn er in die Lüfte flöge. Wie derselbe Tanz aus war, so schlossen sie alle miteinander einen Kreis und fingen an schlangenweise zu tanzen: meine Charmante, die mußte nun in den Kreis hineintreten und drinnen allein tanzen. O sapperment! was kunnte sich das Mensche schlangenweise im Kreise herumdrehen, daß ich auch, der Tebel hol mer, alle Augenblick dachte, jetzt fällt sie übern Haufen, allein es war, als ob ihr nichts drum wäre. Die anderen Mädchens tanzten, der Tebel hol mer, galant auch, ich kanns nicht sagen, wie artig sie die Knochen auch setzen kunnten, meiner Charmante aber kunnte es aber doch keine gleichtun. Nachdem der Kreistanz schlangenweise nun aus war, so fingen sie allerhand gemeine [17] Tänze auch an zu tanzen, als Couranten, Chiquen, Allemanden und dergleichen.

Solch Zeug sollte ich nun auch mit tanzen, es kamen unterschiedne Damens zu mir an den Samtstuhl, worauf ich saß, und forderten mich auch zu einem Tänzchen auf. Ich entschuldigte mich zwar erst und sagte, wie daß ich nämlich ein brav Kerl wäre, dem zwar was Rechts aus den Augen herausfunkelte, aber tanzen hätte ich noch nicht recht gelernt. Es half aber, der Tebel hol mer, kein Entschuldigen, die Damens trugen mich mitsamt dem Stuhle in den Tanzkreis hinein und kippten mich mit dem Stuhle um, daß ich, der Tebel hol mer, die Länge lang hinfiel. Ich stund aber mit einer sehr artigen Miene wiederum auf, daß sich auch die ganze Kompagnie auf dem Tanzboden über mich sehr verwunderte und ein Kavalier immer zu dem andern sagte, daß ich wohl einer von den bravsten Kerlen auf der Welt mit sein müßte. Hierauf fing ich nun an zu tanzen und nahm drei Frauenzimmer; die eine mußte mich bei der linken Hand anfassen, die andere bei der rechten und die dritte mußte sich an mein link Bein halten, damit hieß ich die Musikanten den Altenburgischen Bauerntanz aufstreichen. Da hätte man nun schön tanzen gesehen, wie ich auf dem rechten Beine solche artige Sprünge tun kunnte. Wie ich mich nun so ein klein wenig erhitzt hatte, so sprung ich auf dem einen Beine, der Tebel hol mer, klaffternhoch in die Höhe, daß auch die eine Dame, welche sich an mein link Bein gefaßt hatte, fast mit keinem Fuße auf die Erde kam, sondern stets in der Luft mit herumhüpfte. O sapperment! wie sahen die Menscher alle, als ich solche Sprünge tat; der kleine bucklige Tanzmeister schwur hoch und teuer, daß er dergleichen Sprünge zeitlebens nicht gesehen hätte. Sie wollten hernach auch alle wissen, was vor Geschlechts und Herkommens ich wäre, allein ich sagte es, der Tebel hol mer, keinem, ich gab mich zwar nur vor einen Vornehmen von Adel aus, allein sie wollten es doch nicht glauben, sondern sagten, ich müßte noch weit was Vornehmeres sein, denn meine Augen die hätten mich schon verraten, daß ich aus keiner Haselstaude entsprungen wäre. Sie fragten auch meine Charmante, allein der Henker hätte sie wohl geholt, daß sie was von meiner Geburt erwähnt hätte, denn wenn sie die Historie von der Ratte gehört hätten, Ei sapperment! wie würden sie gehorcht haben. Nach gehaltenem Ball fuhr ich mit meiner Charmante in die Opera [18], welche, der Tebel hol mer, auch da schön zu sehen war, denn sie spielten gleich selben Tag von der Zerstörung Jerusalems. O sapperment! was war das vor eine große Stadt, das Jerusalem, welches sie in der Opera da vorstellten, ich will wetten, daß es, der Tebel hol mer, zehnmal gut größer war, als die Stadt Hamburg ist, und zerstörten da das Ding auch so lästerlich, daß man, der Tebel hol mer, nicht einmal sah, wo es gestanden hatte. Nur immer und ewig schade war es um den wunderschönen Tempel Salomonis, daß derselbe so mit mußte vor die Hunde gehen, es hätte mich sollen dünken, daß nur ein Fleckchen daran wäre ganz geblieben, nein, es mußte von den Soldaten, der Tebel hol mer, alles ruiniert und zerstört werden. Es waren Krabaten [19] und Schweden, die das Jerusalem so zuschanden machten.

Nach dieser geschehenen Opera fuhr ich mit meiner Charmante auf den Jungfernstieg (wie es die Herren Hamburger nennen), denn es ist ein sehr lustiger Ort und liegt mitten in der Stadt

Hamburg an einem kleinen Wasser, welches die Alster genannt wird, da stehen wohl zweitausend Linden und gehen alle Abend die vornehmsten Kavaliers und Damen der Stadt Hamburg dahin spazieren und schöpfen unter den Linden frische Luft. Auf demselben Jungfernstiege war ich mit meiner liebsten Charmante nun alle Abend da anzutreffen. Denn der Jungfernstieg und das Opernhaus war immer unser bester Zeitvertreib. Von der Belagerung Wiens spielte sich auch einmal eine Opera, welche vortrefflich zu sehen war. Ei sapperment! was schmissen die Türken vor Bomben in die Stadt Wien hinein; sie waren, der Tebel hol mer, noch zwanzigmal größer als wie die, welche in der gedachten Sternschanze zu Hamburg liegen. Wie sie aber von den Sachsen und Polacken dafür bezahlt worden, werden sie wohl am besten wissen. Denn es blieben wohl von den Türken über dreißigtausend Mann auf dem Platze, ohne die, welche gefangen genommen wurden und tödlich blessiert waren, so ich ohngefähr auch etwa auf achtzehn- bis zwanzigtausend Mann schätze, und vierzigtausend Mann warens gut, welche die Flucht nahmen. Ei sapperment! wie gingen die Trompeten da, wie die Stadt entsetzt war, ich will wetten, daß wohl über zweitausend Trompeter auf dem Dinge hielten und Viktoria bliesen. Mit dergleichen Lustigkeit vertrieben ich und meine Charmante damals täglich unsere Zeit in Hamburg. Was michs aber vor Geld gekostet, das will ich, der Tebel hol mer, niemand sagen, es gereut mich aber kein Heller, welchen ich mit der Charmante durchgebracht habe, denn es war ein vortrefflich schön Mensche, und ihr zu Gefallen hätte ich die Hosen ausziehen und versetzen wollen, wenns am Gelde hätte fehlen sollen, denn sie hatte mich überaus lieb und hieß mich nur ihren anmutigen Jüngling, denn ich war dazumal weit schöner als jetzo. Warum? Man wird ferner hören, wie mich die Sonne unter der Linie [20] so lästerlich verbrannt hat. Ja Hamburg, Hamburg, wenn ich noch dran gedenke, hat mir manche Lust gemacht.

   Und ich wäre, der Tebel hol mer, wohl noch so bald nicht herausgekommen, ob ich gleich drei ganzer Jahre mich da umgesehen hatte, wenn mein Rückenstreicher mich nicht so unglücklich gemacht hätte. Welches zwar wegen meiner Liebsten, der Charmante, herkam, doch kunnte das gute Mensche auch nicht dafür, daß ich bei Nacht und Nebel durchgehen mußte. Denn ein brav Kerl muß sich nicht bravieren [21] lassen. Die ganze Sache war aber also beschaffen. Ich wurde mit meiner Charmante in eine lustige Gesellschaft gebeten und mußten an demselben vornehmen Orte, wo die Kompagnie war, des Abends mit da zu Gaste bleiben. Wie wir nun abgespeist hatten, war es schon sehr spät in die Nacht hinein; wir wurden auch gebeten, dazubleiben, allein meine Charmante wollte nicht da schlafen, der vornehme Mann aber, wo wir waren, ließ seine Karosse anspannen, dieselbe sollte uns nach unserm Quartier zu bringen, damit wir keinen Schaden nehmen möchten. Wie wir aber bald an den Pferdemarkt kamen, so bat mich meine Charmante, daß ich mit ihr noch ein halb Stündchen möchte auf den Jungfernstieg fahren, sie wollte nur sehen, was vor Kompagnie da anzutreffen wäre. Ich ließ mir solches gefallen und befahl dem Kutscher, daß er uns dorthin fahren sollte. Als wir aber durch ein enges Gäßchen nicht weit vom Jungfernstiege fahren mußten, fingen welche an zu wetzen [22] in derselben Gasse. Nun war ich Blut übel gewohnt, wenn mir einer vor der Nase herum in die Steine kriegelte, und hätte, der Tebel hol mer, zehnmal lieber gesehen, es hätte mir einer eine derbe Presche [23] gegeben, als daß er mir mit dergleichen Wetzen wäre aufgezogen kommen. Ich war her und sagte zu meiner Charmante, sie sollte nur mit dem Kutscher wieder umlenken und nach dem Quartier zu fahren, ich wollte sehen, wem dieser Affront [24] geschähe, und es stünde mir unmöglich an, daß man dem bravsten Kerl von der Fortune vor der Nase so herumwetzen sollte.

Meine Charmante aber wollte mich nicht von sich weglassen und meinte, ich möchte etwa zu Unglück kommen, allein ich sprang, ehe sie sichs versah, mit gleichen Beinen zur Kutsche heraus, hieß den Kutscher umlenken und marschierte da den Nachtwetzern nach, welche ich am Ende des engen Gäßchens noch antraf und zu ihnen anfing, welche wohl bei ihrer dreißig waren: Was habt ihr Bärenhäuter da zu wetzen? Die Kerls aber kamen mit ihren bloßen Degen auf mich hineingegangen und meinten, ich würde mich vor ihnen fürchten. Ich trat zwar einen Schritt zurück, und da kriegte ich meinen Rückenstreicher heraus. Ei sapperment! wie hieb und stach ich auf die Kerls hinein, es war, der Tebel hol mer, nicht anders, als wenn ich Kraut und Rüben vor mir hätte: ihrer fünfzehn blieben gleich auf dem Platze, ihrer etliche, die ich sehr beschädigt hatte, baten um gut Wetter und etliche die gaben Reißaus und schrien nach der Rädelwache.

Ei sapperment! als ich von der Rädelwache hörte, dachte ich, das Ding dürfte wohl nicht gut mit dir ablaufen, wenn die dich kriegen sollten; ich war her und marschierte immer spornstreichs nach dem Altonaischen Tore zu, da spendierte ich dem Torwärter einen ganzen Doppeltaler, daß er mich durch das Pförtchen mußte hinauslassen. Draußen setzte ich mich nun auf dieselbe Wiese, wo ich dem einen Staaten aus Holland die falsche Quinte durch den linken Ellbogen gestoßen hatte, und granste [25] da wie ein kleiner Junge Rotz und Wasser. Wie ich nun ausgegranst hatte, so stund ich auf, kehrte mich noch einmal nach der Stadt Hamburg zu, ob ich sie gleich im Finstern nicht sehen kunnte, und sagte: Nun gute Nacht, Hamburg, gute Nacht, Jungfernstieg, gute Nacht Opernhaus, gute Nacht Herr Bruder Graf und gute Nacht meine allerliebste Charmante, gräme dich nur nicht zu Tode, daß dein anmutiger Jüngling dich verlassen muß, vielleicht kriegst du ihn bald wiederum anderswo zu sehen. Hierauf ging ich im Dunkeln fort und immer weiter in die Welt hinein. Ich gelangte bei frühem Morgen in der Stadt Altona an, welche drei starke deutsche Meilen von Hamburg liegt, da kehrte ich in dem vornehmsten Wirtshause ein, welches zum Weinberge genannt wurde, worinnen ich einen Landsmann antraf, welcher in der Hölle [26] hinterm Kachelofen saß und hatte zwei vornehme Damens neben sich sitzen, mit welchen er in der Karte falsch spielte. Demselben gab ich mich zu erkennen und erzählte ihm, wie mirs in Hamburg gegangen wäre. Es war, der Tebel hol mer, ein brav Kerl auch, denn er war nur vor etlichen Tagen aus Frankreich gekommen und wartete allda bei dem Wirte im Weinberge auf einen Wechsel, welchen ihm seine Frau Mutter mit ehster Gelegenheit schicken würde. Er erzeigte mir sehr große Ehre, daß ichs, der Tebel hol mer, lebenslang werde zu rühmen wissen, und gab mir auch den Rat, ich sollte mich nicht lange in Altona aufhalten, denn wenns erfahren würde in Hamburg, daß der und der sich da aufhielte, welcher so viel Seelen kaput gemacht hätte, dürfte die Rädelwache, wenns gleich in einem andern Gebiete wäre, wohl nachgeschickt werden und mich lassen bei dem Kopfe nehmen. Welchem guten Rate ich auch folgte, und weil selben Tag gleich ein Schiff von da auf der See nach dem Lande Schweden zusegelte, dingte ich mich auf dasselbe, nahm von meinem

Herrn Landsmanne Abschied und marschierte von Altona fort.

Wie mirs nun dazumal auf der See ging, was ich da und in dem Lande Schweden gesehen und erfahren habe, wird im folgenden Kapitel überaus artig zu vernehmen sein.

[7] feinem Benehmen.
[8] Leute von Adel.
[9] holländisch für Baumöl.
[10] Abgeordnete der Generalstaaten.
[11] Frauenspersonen, Damen.
[12] Dienstmädchen.
[13] Revanche, Genugtuung.
[14] streitenden Parteien.
[15] elegantes Fuhrwerk.
[16] lud uns ein.
[17] allgemein übliche.
[18] Die Hamburger Oper erfreute sich Ende des 17. Jahrhunderts großer Berühmtheit.
[19] Kroaten.
[20] Äquator.
[21] Trotz bieten.
[22] Säbelwetzen galt zu jener Zeit nach studentischer Sitte als Herausforderung.
[23] Ohrfeige.
[24] Beleidigung.
[25] Gransen = greinen, weinen.
[26] warmer Platz hinter dem Ofen.

3. Kapitel.

Es war gleich in der Knoblochs-Mittwoche [27], als ich mich zum ersten Male auf das Wasser begab. Nun hätte ich vermeint, die Schiffe zu Hamburg wären groß, worauf man bei dem Jungfernstiege pflegte spazieren zu fahren, allein so sah ich wohl, daß sie bei Altona auf der See, der Tebel hol mer, noch tausendmal größer waren, denn die Leute nannten sie nur die großen Lastschiffe. Auf so eins setzte ich mich nun, und wie ich von meinem

Landsmanne Abschied genommen hatte, schiffte ich da mit fort.

Den dreizehnten Tag gegen zehn Uhr vormittags wurde es stockrabenfinster, daß man auch nicht einen Stich sehen kunnte, und mußte der Schiffsmann eine große Lampe vor das Schiff heraushängen, damit er wußte, wo er zufuhr, denn seinem Kompaß durfte er nicht wohl trauen, derselbe stockte immer. Wie es nun so gegen Abend kam, Ei sapperment! was erhub sich vor ein Sturm auf der See, daß wir auch, der Tebel hol mer, nicht anders meinten, wir würden alle müssen vor die Hunde gehen. Ich kann, der Tebel hol mer, wohl sagen, daß es uns nicht anders in solchem Sturme war, als wenn wir in einer Wiege geboiet würden wie die kleinen Kinder. Der Schiffsmann wollte wohl gern ankern, allein er hatte keinen Grund und mußte also nur Achtung haben, daß er mit dem Schiffe an keine Klippe fuhr. Den neunzehnten Tag begunnte der Himmel sich allmählich wieder zu klären und legte sich der Sturm auch so geschwind, daß es den zwanzigsten Tag wieder so stille und gut Wetter wurde, besser als wir es uns selbst wünschten. Zu Ausgang desselben Monats rochen wir Land und kriegten den folgenden Monat drauf die Spitzen von den schönen Türmen in Stockholm zu sehen, worauf wir zusegelten. Als wir nun ganz nah an die Stadt kamen, so hielt der Schiffsmann stille, hieß uns Fährgeld suchen und aussteigen, welches wir auch taten.

Wie wir nun da ans Ufer ausgestiegen waren, so ging hernach einer hier hinaus, der andere dort hinaus; ich wanderte nun gleich auch mit in die Stadt, und weil ich in keinem gemeinen Wirtshause Lust zu logieren hatte, blieb ich in der Vorstadt und nahm mein Quartier bei dem Lustgärtner, welcher, der Tebel hol mer, ein überaus wackerer Mann war. Sobald als ich mich nun bei ihm anmeldete und um Quartier ansprach, sagte er gleich ja. Flugs darauf erzählte ich ihm meine Geburt und die Begebenheit von der Ratte. Ei sapperment! was war es dem Manne vor eine Freude, als er diese Dinge hörte, er war, der Tebel hol mer, auch so höflich gegen mich und hatte sein Mützchen stets unter dem Arme, wenn er mit mir redete, denn er hieß mich nur Ihr Gnaden. Nun sah er auch wohl, daß ich ein brav Kerl war und daß was Großes hinter mir stecken mußte. Er hatte einen vortrefflichen schönen Garten, da kamen nun fast täglich die vornehmsten Leute aus der Stadt zu ihm spazieren gefahren. Ob ich mich nun wohl wollte da inkognito aufhalten und mich nicht zu erkennen geben, wer und wes Standes ich wäre, so wurde ich doch bald verraten. Ei sapperment! was kriegte ich da vor Visiten von den vornehmsten Damens in Stockholm. Es kamen, der Tebel hol mer, alle Tage wohl dreißig Kutschen voll immer in den Garten gefahren, daß sie mich nur sehen wollten, denn der Lustgärtner mochte mich gegen die Leute so herausgestrichen haben, was ich vor ein brav Kerl wäre.

Unter anderm kam immer ein Frauenzimmer in den Garten gefahren, ihr Vater war der vornehmste Mann mit bei der Stadt, die hießen die Leute nur Fräulein Lisette, es war, der Tebel hol mer, ein vortrefflich schön Mensche; dieselbe hatte sich nun bis auf den Tod in mich verliebt und gab recht ordentlich Freiens auch bei mir vor, daß ich sie nehmen sollte. Ich antwortete derselben hierauf aber sehr artig und sagte, wie daß ich ein brav Kerl wäre, dem was Rechts aus den Augen heraus sähe, daß also dieselbe vor dieses Mal mit keiner gewissen Antwort könnte versehen werden. Sapperment! wie fing das Mensche an zu heulen und zu schreien, da ich ihr den Korb gab, daß ich also, der Tebel hol mer, nicht wußte, woran ich mit ihr war. Endlich fing ich zu ihr an, daß ich mich in Hamburg schon mit einer halb und halb versprochen, allein ich hätte keine Post von ihr, ob sie noch lebte oder ob sie tot wäre. Sie sollte sich nur zufriedengeben, in etlichen Tagen wollte ich ihr Antwort wiedersagen, ob ich sie nehmen wollte oder nicht. Hierauf gab sie sich wieder zufrieden und fiel mir um den Hals und meinte es auch, der Tebel hol mer, so gut mit mir, daß ich mich auch gänzlich resolvieret hatte, die Charmante fahren zu lassen und mich an Fräulein Lisetten zu hängen. Hierauf nahm sie mit weinenden Augen von mir Abschied und sagte, daß sie den morgenden Tag früh wieder zusprechen wollte, und fuhr damit in die Stadt nach ihren Eltern zu. Was geschah? Der morgende Tag kam herbei, ich ließ eine gute frische Milch zurichten, mit derselben wollte ich das Fräulein Lisette im Garten nun traktieren: der Vormittag lief vorbei, der Nachmittag war auch fast zu Ende, ich wartete im Garten immer mit der frischen Milch, es wollte aber kein Fräulein Lisette kommen, daß ich auch, der Tebel hol mer, so toll war und, weil ich mich nicht rächen kunnte, der frischen Milch in die Haare geriet und die in der Bosheit reine ausfraß. Indem ich den letzten Löffel voll ins Maul steckte, kam des Gärtners Junge spornstreichs zum Garten hineingelaufen und fragte mich, ob ich was Neues wüßte. Wie ich nun gerne wissen wollte, was es gäbe, fing er an: Das Fräulein Lisette, welche gestern abend so lange im Garten bei mir gewesen, wäre diese Nacht so plötzlich gestorben. Ei sapperment! wie erschrak ich über die Post, daß mir auch der letzte Löffel voll Milch im Halse gleich verstarrte. Ja, fing der Junge weiter an, und der Doktor hätte gesagt, sie müßte sich worüber sehr gegrämt haben, sonst wäre sie wohl nicht gestorben, weil ihr ganz keine Krankheit wäre anzusehen gewesen. Ei sapperment! wie jammerte mich das Mensche, und da war wohl, der Tebel hol mer, niemand an ihrem Tode schuld als eben ich, weil ich sie nicht haben wollte. Das Mensche dauerte mich, der Tebel hol mer, sehr lange, ehe ich sie vergessen kunnte. Ich ließ ihr auch zu Ehren einen Poeten folgende Zeilen dichten und auf ihren Leichenstein hauen, welcher die heutige Stunde noch in Stockholm auf ihrem Grabe wird zu lesen sein:

Steh! flüchtger Wandersmann, betrachte diesen Stein,
Und rate, wer allhier wohl mag begraben sein:
Es starb vor Liebesgram ein Lieschen in dem Bette,
Nun rate, wer hier liegt: das schöne Kind Lisette.

Nach diesem Lieschen verliebte sich hernach eines vornehmen Nobels Tochter in mich, dieselbe hieß Damigen und gab nun ebenfalls wieder Freiens bei mir vor. Es war, der Tebel hol mer, ein unvergleichlich Mensche auch. Mit derselben mußte ich alle Tage spazieren fahren und mich stets mit ihr schleppen. Ob ich nun wohl des Nobels Tochter sehr wohl gewogen war und auch Vertröstung getan, sie zu nehmen, so hatte ich aber den Handschlag dennoch nicht von mir gegeben, allein es trugen sich alle kleine Jungen auf der Gasse mit herum, daß Jungfer Damigen eine Braut wäre und was sie vor so einen vornehmen braven Kerl zum Manne kriegte. Ich hatte mich auch gänzlich resolviert, sie zu heiraten, und hätte sie auch genommen, wenn sie nicht ihr Herr Vater ohne mein und ihr Wissen und Willen einem andern Nobel versprochen gehabt. Was geschah? Damigen bat mich einstmals, daß ich mit ihr mußte an einem Sonntage durch die Stadt spazieren gehen, damit mich doch die Leute nur sähen, denn sie hätten von dem Lustgärtner gehört, daß ich so ein braver, vortrefflicher Kerl wäre, dem nichts Ungemeines aus den Augen funkelte, und also trügen ihrer viel groß Verlangen, mich doch nur zu sehen. Nun kunnte ich ihr leicht den Gefallen erweisen und sie in der Stadt ein wenig herumführen. Wie nun die Leute sahen, daß ich mit meiner Damigen da angestochen kam, O sapperment! wie legten sie sich zu den Fenstern heraus. Bald stunden an einer Ecke ein paar Mägde, die sagten: Ach ihr Leute! Denkt doch, wie Jungfer Damigen so wohl ankömmt, sie kriegt den Kerl da, der sie bei der Hand führt, das Mensche ist ihn nicht einmal wert. Solche und dergleichen Reden murmelten die Leute nun so heimlich zueinander. Es war auch ein Nachgesehe, daß ichs, der Tebel hol mer, nicht sagen kann. Als wir nun auf den Markt kamen und allda uns ein wenig aufhielten, daß ich das Volk recht sehen sollte, mag derselbe Nobel dieses gewahr werden, daß ich Damigen, welche er zur Liebsten haben sollte, nach aller Lust da herumführe; ich versah mich aber dieses nicht, daß der Kerl solch närrisch Ding vornehmen wird. Indem mich nun die Leute und meine Damigen mit großer Verwunderung ansahen, kam er von hinterrücks und gab mir, der Tebel hol mer, eine solche Presche, daß mir der Hut weit vom Kopfe flog, und lief hernach geschwinde in ein Haus hinein. O sapperment! wie knirschte ich mit den Zähnen, daß sich der Kerl solch Ding unterstund, und wenn er nicht gelaufen wäre, ich hätte ihm, der Tebel hol mer, die falsche Quinte gleich durchs Herze gestoßen, daß er das Aufstehen wohl vergessen sollen. Ich war auch willens, ihn zu verfolgen, wenn mich Damigen nicht davon noch abgehalten hätte, die sagte, es möchte so ein groß Aufsehen bei den Leuten erwecken, und ich könnte ihn schon zu anderer Zeit finden. Den andern Tag drauf, als ich mich nun erkundigt, wo der Kerl wohnte, welcher mir die Ohrfeige gegeben, schickte ich des Gärtners Jungen zu ihm und ließ ihm sagen, ich hielte ihn vor keinen braven Kerl, sondern vor den allerelendesten Bärenhäuter auf der Welt, wenn er nicht die und die Zeit draußen auf der großen Wiese mit ein paar guten Pistolen erschiene, und da wollte ich ihm weisen, daß ich ein braver Kerl wäre. Was geschiehet, als des

Lustgärtners Junge dem Nobel diese Worte nun so unter die Nase reibt und von Pistolen schwatzt? Ei sapperment! wie erschrickt der Kerl, daß er nicht weiß, was er dem Jungen antworten soll. Wie nun der Junge spricht, was er denn dem vornehmen Herrn zur Antwort hierauf wiederbringen sollte, fängt er endlich an, er müsse gestehen, ja, daß er mir den Hut vom Kopfe geschmissen, und hätte es ihn so verdrossen, daß ich Jungfer Damigen als seine zukünftige Liebste bei der Hand geführt, und dasselbe hätte er gar nicht leiden können. Da ich ihn nun wegen der gegebenen Ohrfeige flugs auf Pistolen hinausforderte, würde er wohl schwerlich kommen, denn es wäre so eine Sache mit den Schüssen, wie leichtlich könnte er oder ich was davon bekommen; was hätten wir denn hernach davon, und darauf käme er nicht; wollte ich mich aber mit ihm auf trockene Fäuste schlagen, so wollte er seine Mutter erstlich drum fragen, ob sie solches zugeben wollte. Wo sie aber ihm solches auch nicht verwilligte, könnte er mir vor die Ohrfeige keine Revanche geben. O sapperment! als mir der Junge solche Antwort von dem Nobel wiederbrachte, hätte ich mich, der Tebel hol mer, flugs mögen zustoßen und zureißen. Ich war her und besann mich, wie ich ihn wiedertraktieren wollte. Erstlich wollte ich ihn auf der Gasse übern Haufen stoßen und fortgehen, so dachte ich aber: wo wird dich dein Damigen hernach suchen? Endlich resolvierte ich mich, ich wollte ihm in öffentlicher Kompagnie die Presche gedoppelt wiedergeben. Das hätte ich auch getan, wenn der Kerl nicht wegen des Pistolenhinausforderns so ein groß Wesen flugs gemacht hätte, daß ich also von hoher Hand gebeten wurde, ich möchte es nur gut sein lassen; genug, daß sie alle wüßten, daß ich ein brav Kerl wäre, desgleichen wohl wenig in der Welt würde gefunden werden. Als ich dieses hörte, daß von hoher Hand man mich bat, daß ich ihn sollte zufrieden lassen, und mich alle vor den bravsten Kerl auf der Welt ästimierten, hätte ich mir hernach wohl die Mühe genommen, daß ich wieder an ihn gedacht hätte. Allein mein Damigen kriegte ich doch auch nicht. Ihr Vater ließ mir zwar sagen, er sähe wohl, daß ich ein brav Kerl wäre, desgleichen man wenig finde, allein seine Tochter hätte er einem Nobel versprochen, und wer kein Nobel wäre, der dürfte sich auch nicht die Gedanken machen, daß er sie kriegen würde. Ich ließ ihm aber hierauf artig wiedersagen, wie daß er nämlich recht geredet, daß ich ein brav Kerl wäre, desgleichen wohl wenig in der Welt anzutreffen wäre, und ich hätte ja seine Tochter noch niemals verlangt, sondern sie hätte mich haben wollen.

Nach diesem hatte ich mir auch gänzlich vorgenommen, Stockholm wieder zu verlassen, weil ich in dem zweiten ganzen Jahr schon da mich umgesehen. Indem ich mich nun resolviert, den andern Tag wieder auf das Schiff zu begeben, ging ich den Tag vorher noch einmal in des Gärtners Lustgarten und sah, ob die Pflaumen bald reif waren; indem ich einen Baum so nach dem andern beschaute, kam des Gärtners Junge sporenstreichs wieder auf mich zugelaufen und sagte, daß jemand draußen vorm Tore mit einem schönen Schellenschlitten hielte, der wollte mich gerne sprechen. Er hätte einen großen grünen Fuchspelz an. Nun kunnte ich mich nicht flugs besinnen, wer es sein müßte, endlich besann ich mich auf meinen Herrn Bruder Grafen, der es etwa sein müßte, und lief geschwinde mit dem Jungen aus dem Garten vor. Wie ich vor kam, so wars, der Tebel hol mer, mein Herr Bruder Graf, welchen ich zu Hamburg im Stiche gelassen. O sapperment! wie erfreuten wir uns alle beide, daß wir einander wiedersahen. Ich nahm ihn gleich mit in des Gärtners Stube und ließ ihm flugs was zu essen und zu trinken geben, denn er war, der Tebel hol mer, bald ganz verhungert und sein Pferd sah auch ganz mager aus, das mußte des Gärtners Junge flugs hinaus auf die Wiesen in die Weide reiten, auf daß sichs wieder ausfressen sollte. Damit erzählte er mir nun allerhand, wie es ihm in Hamburg noch gegangen wäre und wie die Dame Charmante mich so bedauert, als ich die Flucht nehmen müssen und sie so unverhofft verlassen. Er brachte mir auch einen Brief mit von ihr, welchen sie nur verloren [28] an mich geschrieben, daß er mir denselben doch zustellen möchte, denn sie hatte vermeint, ich wäre schon längstens tot, weil ich ihr gar nicht geschrieben, wo ich wäre. Der Inhalt des Briefes war, wie folgt, also und zwar versweise:

»Anmutiger Jüngling

Lebst du noch? oder liegst du schon verscharret?
Weil du weder Brief noch Gruß deiner Liebsten schickest ein?
Ach! so heißt es leider! wohl recht umsonst auf das geharret,

Was man in Gedanken küßt und muß längst verweset sein.
Bist du tot? so gönn ich dir dort die höchst vergnügten Freuden,
Lebst du noch, anmut'ger Schatz? und erblickest dieses Blatt,
Welches die Charmante schickt, die dich mußte plötzlich meiden,
Als dein tapfrer Heldenmut dich verjagte aus der Stadt,
Lebst du noch? so bitt' ich dich, schreib mir eiligst doch zurücke,
Wo du bist, es mag der Weg auch sehr höchst gefährlich sein,
So will ich dich sprechen bald mit des Himmels gutem Glücke,
Wenn du hierauf nur ein Wort erst Charmanten lieferst ein«.

Als ich diesen Brief gelesen, ging mir die Charmante so zu Gemüte, daß ich mich des Weinens nicht enthalten kunnte, sondern hieß meinen Herrn Bruder Grafen essen und ging hinaus vor die Stubentür und granste, der Tebel hol mer, da wie ein kleiner Junge. Als ich nun ausgegranst hatte, sagte ich zum Lustgärtner, er sollte mir doch Feder und Tinte geben, ich wollte eiligst diesen Brief beantworten. Der Lustgärtner sagte hierauf, es stünde alles zusammen oben in der Sommerstube, und wenn ichs verlangte, so wollte er solches herunterholen lassen, beliebte mir aber droben zu schreiben, allwo ich nicht von Reden gestört würde, könnte ichs auch tun. Ich ließ mir solches gefallen, bat den Herrn Bruder Grafen, ob er mir verzeihen wollte, daß ich ihn ein wenig alleine ließe, und ich wäre nur gesonnen, den Brief wieder zu beantworten und fortzuschicken. Der Herr Bruder Graf sagte hierauf nur, daß ich doch mit ihm kein Wesens machen sollte, und ich möchte so lange schreiben, als ich wollte, er würde mich daran nicht hindern. Damit so wanderte ich zur Stubentür hinaus und wollte eiligst die Treppe hinauflaufen; ich werde es aber nicht gewahr, daß eine Stufe ausgebrochen ist, und falle da mit dem rechten Bein hinein in die Lücke, wo die Stufe fehlt, und breche, der Tebel hol mer, das Bein flugs murrsch entzwei. O sapperment! wie fing ich an zu schreien! Sie kamen alle, wie auch der Herr Graf, dazu gelaufen und fragten, was mir wäre, allein es kunnte mir keiner helfen, das Bein war einmal in Stücken. Der Lustgärtner schickte flugs nach dem Scharfrichter, daß der kommen mußte und mich verbinden, denn es war, der Tebel hol mer, ein wackerer Mann im Bruch heilen; derselbe brachte mirs sehr artig wieder zurechte, ob er gleich zwölf ganzer Wochen an demselben dokterte. Als ich nun so ein bischen drauf wieder fußen kunnte, so mußte ich hernach allererst der Charmante ihren Brief beantworten, welcher folgendermaßen auch versweise sehr artig eingerichtet war:

»Mit Wünschung zuvor alles Liebes und Gutes,
Schelmuffsky lebet noch und ist sehr guten Mutes!
Hat er gleich vor zwölf Wochen gebrochen das rechte Bein,
So wird dasselbe doch vom Scharfrichter bald wieder geheilet sein.
Der Herr Bruder Graf ist mit seinem Schlitten bei mir glücklich ankommen,
Und einen Brief mitgebracht, woraus ich vernommen,
Daß meine liebe Charmante gerne wissen möchte, ob ich lebendig oder tot.
Es hat mit mir, der Tebel hol mer, noch keine Not.
Ich lebe itzunder in dem Lande Schweden,
Wenn nun, du herzes Kind, willst gerne mit mir reden,
Zu Stockholm bei dem Lustgärtner in der Vorstadt hab' ich mein Quartier,
So mußt du bald kommen her zu mir,
Denn ich werde nicht gar lange mehr da bleiben.
Das ists nun, was ich dir zur Antwort hiermit habe wollen fein geschwinde schreiben.
Indessen lebe wohl, gesund frisch spat und früh,
Und ich verbleibe allezeit dein

anmutiger Jüngling
Schelmuffsky«.

Ob ich mich nun wohl aufs Versemachen nicht groß gelegt hatte, so war mir doch, der Tebel hol mer, dieser Brief versweise sehr artig geraten. Denselben schickte ich nun durch des Gärtners Jungen zu Stockholm ins Posthaus, damit er cito [29] möchte nach Hamburg bestellt werden. Hierauf gingen kaum vier Wochen ins Land, so kam meine liebste Charmante auch anmarschiert. Wie sie mich nun sah, sapperment! fiel mir das Mensche nicht um den Hals und herzte mich! Sie erzählte mir hernach auch, wie mich die Rädelwache zu Hamburg gesucht hätte, weil ich so viel Kerls hätte zu schanden gehauen, und wie mich die Kompagnie auf dem Tanzboden so ungerne verloren, weil ich einen vortrefflichen Springer abgegeben. Ich sollte ihr auch erzählen, wie mirs die Zeit über gegangen wäre, als ich von Hamburg die Flucht nehmen müssen. Damit erzählte ich ihr, und auch, wie wir auf der See hätten Sturm gehabt und was ich vor allerhand Fische gesehen, aber wie mirs in Stockholm mit der Ohrfeige wegen Jungfer Damigen gegangen wäre, davon sagte ich ihr, der Tebel hol mer, kein Wort.

Ob ich nun wohl, wie mein Bein völlig wieder kuriert war, mich wollte zu Schiffe wieder setzen und die Welt weiter besehen, so ließ ich mich doch auf der Charmante ihr Bitten überreden, daß ich ein halb Jahr noch in Stockholm blieb und ihr dieses und jenes zeigte. Nun ist eben nichts Sonderliches da zu sehen, als daß Stockholm eine brave Stadt ist, sehr lustig liegt und um dieselbe herum schöne Gärten, Wiesen und vortreffliche Weinberge angebaut sein, und daß, der Tebel hol mer, der schönste Neckarwein da wächst. Allein von Fischwerk und solchen Sachen gibts eben so wenig als in Hamburg. Forellen hat man zwar genug auch da, allein, wer kann einerlei Fische immer essen; aber unerhörte Viehzucht gibts da wegen der Gräserei: es gibt, der Tebel hol mer, Kühe dort, da eine wohl auf einmal vierzig bis fünfzig Kannen Milch gibt. Sie machen im Winter auch flugs Butter, die sieht, der Tebel hol mer, wie das schönste gewundene Wachs aus.

Nachdem ich meine Charmante nun überall herumgeführt und ihr dieses und jenes in Stockholm gezeigt, machte ich mich mit ihr benebst dem Herrn Bruder Grafen wieder reisefertig, bezahlte, was ich da bei dem Lustgärtner verzehrt hatte, und dingten uns auf ein Schiff, welches uns mit sollte nach Holland nehmen. Wie wir nun mit dem Schiffe richtig waren, packte der Herr Graf seinen Schellenschlitten mit seinem Pferde auch auf das Schiff, daß er, wenn er zu Lande käme, wieder kutschen könnte. Als es bald Zeit war, daß das Schiff fortsegeln wollte, nahmen wir von dem Lustgärtner Abschied und bedankten uns nochmals vor allen guten erzeigten Willen. Da fing, der Tebel hol mer, der Mann an zu weinen wie ein klein Kind, so jammerte ihn unser Abschied. Er beschenkte mich auch zugutterletzt mit einer wunderschönen Blume, ob dieselbe gleich kohlpechschwarze Blätter hatte, so kunnte man sie doch, der Tebel hol mer, auf eine ganze Meile Wegs riechen. Er nannte sie nur Viola Kohlrabi, dieselbe Viola Kohlrabi nahm ich nun auch mit. Damit marschierten wir nun fort und nach dem Schiffe zu. Als wir nun dahin kamen, Sapperment! was sah man da vor Volk, welches mit nach Holland gehen wollte, es waren, der Tebel hol mer, wohl an sechstausend Seelen, die setzten sich nun alle auch mit zu Schiffe und waren Willens, Holland zu besehen. Wie es uns aber dasselbe Mal auf der See erbärmlich ging, werden einem die Haare zu Berge stehen, wer folgendes Kapitel lesen wird.

[27] Mittwoch nach Pfingsten.
[28] aufs geratewohl.
[29] schnell.

4. Kapitel.

Als wir von Stockholm abfuhren, war es gleich um selbe Zeit, da die Kirschen und Weintrauben sich anfingen zu färben. Sapperment! was war da vor ein Gekribbele und Gewibbele auf dem Schiffe von soviel Leuten. Ich und meine Liebste Charmante wie auch der Herr Bruder Graf, weil der Schiffsmann sah, daß wir Standespersonen waren, hatten ein eigenes Zimmer auf dem Schiffe zu unserer Bequemlichkeit inne. Die andern Sechstausend aber mußten, der Tebel hol mer, alle nach der Reihe auf einer Streu schlafen. Wir schifften etliche Wochen sehr glücklich fort und waren alle brav lustig auf dem Schiffe, als wir aber an die Insel Bornholm kamen, wo es so viel Klippen gibt, und wenn ein Schiffsmann die Wege da nicht weiß, gar leichtlich umwerfen kann, ei Sapperment! was erhub sich im Augenblick vor ein großer Sturm und Ungestüm auf der See; der Wind schmiß, der Tebel hol mer, die Wellen die höchsten Türme hoch über das Schiff weg und fing an kohlpechrabenstockfinster zu werden. Zu dem allergrößten Unglücke noch hatte er zu Stockholm im Wirtshause den Kompaß auf dem Tische stehen lassen und vergessen, daß er also ganz nicht wußte, wo er war und wo er zufahren sollte. Das

Wüten und Toben von dem grausamen Ungestüm währte vierzehn ganzer Tage und Nacht, den fünfzehnten Tag, als wir vermeinten, es würde ein wenig stille werden, so erhub sich wieder ein Wetter und schmiß der Wind unser Schiff an eine Klippe, daß es, der Tebel hol mer, in hunderttausend Stücke sprang. Sapperment! was war da vor ein Zustand auf der See! Es ging Schiff, Schiffsmann und alles, was nur zuvor auf dem Schiffe war, in einem Augenblick zugrunde, und wenn ich und mein Herr Bruder Graf nicht so geschwinde ein Brett ergriffen hätten, worauf wir uns flugs legten, daß wir zu schwimmen kamen, so wäre kein ander Mittel gewesen, wir hätten gleichfalls mit den sechstausend Seelen müssen vor die Hunde gehen. O sapperment! was war da von den Leuten ein Gelamentiere in dem Wasser! nichts mehr dauert mich noch die Stunde, als nur meine allerliebste Charmante, wenn ich an dasselbe Mensche gedenke, gehen mir, der Tebel hol mer, die jetzige Stunde die Augen noch über. Denn ich hörte sie wohl zehnmal noch im Wasser »Anmutiger Jüngling« rufen; allein was kunnte ich ihr helfen, ich hatte, der Tebel hol mer, selbsten zu tun, daß ich nicht von dem Brette herunterkippte, geschweige daß ich ihr hätte helfen sollen. Es war immer und ewig schade um dasselbe Mensche, daß es da so unverhofft ihr Leben mit in die Schanze schlagen mußte. Es kunnte sich auch, der Tebel hol mer, nicht eine einzige Seele retten als ich und der Herr Graf auf dem Brette.

Als ich und mein Herr Bruder Graf diesem Trauerspiele auf unserm Brette in der Ferne nun so eine Weile zugeschaut, plätscherten wir mit unsern Händen auf demselben fort und mußten wohl über hundert Meilen schwimmen, ehe wir wieder an Land kamen. Nach Verfließung dreier Tage bekamen wir die Spitzen und Türme von Amsterdam zu sehen, worauf wir gleich zu marschierten und den vierten Tag früh um zehn Uhr hinter des Bürgermeisters Garten mit unserm Brette nach viel ausgestandener Gefährlichkeit allda anlandeten. Damit gingen wir durch des Bürgermeisters Garten durch und immer nach desselben Hause zu. Der Herr Bruder Graf, der mußte nun das Brett tragen und ich ging voran. Wie wir nun die Gartentüre aufklinkten, welche in des Bürgermeisters Hof ging, so stund der Bürgermeister gleich in der Haustüre und sah uns da angemarschiert kommen. Mit was vor Verwunderung uns auch der Mann ansah, will ich wohl keinem Menschen sagen, denn wir sahen wie die gebadeten Mäuse so naß aus; dem Herrn Grafen lief das Wasser immer noch von seinen samtnen Hosen herunter, als wenn einer mit Mulden gösse. Ich erzählte dem Herrn Bürgermeister aber flugs mit zwei, drei Worten ganz artig, wie daß wir Schiffbruch gelitten und auf dem Brette so weit schwimmen müssen, ehe wir an Land gekommen. Der Herr Bürgermeister, welcher, der Tebel hol mer, ein wackerer, braver Mann war, der hatte groß Mitleiden mit uns, er führte uns in seine Stube, hieß warm einheizen, damit mußten ich und mein Herr Bruder Graf in die Hölle hinterm Ofen treten und uns wieder trocknen. Sobald uns nun ein wenig der warme Ofen zu passe kommen war, fing der Herr Bürgermeister an und fragte, wer wir wären. Ich fing hierauf gleich an und erzählte demselben ganz artig meine Geburt und wie es mit der Ratte damals wäre zugegangen. O sapperment! was sperrte der Mann vor ein Paar Augen auf, als ich ihm von der Ratte solche Dinge erzählte, er nahm hernach allemal auch, wenn er mit mir redete, sein Mützchen unter den Arm und titulierte mich Ihre sehr Hochwohlgeborne Herrlichkeiten.

Alsobald ließ er den Tisch decken und traktierte mich und den Herrn Grafen, der Tebel hol mer, recht delikat. Sobald als wir nun gespeist hatten, kamen etliche von den vornehmsten Staaten in des Bürgermeisters Haus und gaben mir und meinem Herrn Bruder Grafen eine Visite. Sie baten uns auch zu sich zu Gaste und erwiesen uns große Ehre, daß ich also wohl sagen kann, daß Amsterdam, der Tebel hol mer, eine vortreffliche Stadt ist. Es wurde zu derselben Zeit bald eine vornehme Hochzeit, wozu man mich und meinen Herrn Bruder Grafen auch invitierte. Denn es heiratete ein Lord aus London in England eines vornehmen Staatens Tochter zu Amsterdam, und wie es nun da gebräuchlich ist, daß die vornehmen Standespersonen, welche zur Hochzeit gebeten werden, allemal Braut und Bräutigam zu Ehren ein Hochzeitskarmen drucken lassen und sie damit beehren, so wollte ich hierinnen mich auch sehen lassen, daß ich ein brav Kerl wäre. Es war gleich um selbe Zeit bald Gertraute [30], daß der Klapperstorch bald wiederkommen sollte, und weil die Braut Traute hieß, so wollte ich meine Invention [31] von dem Klapperstorche nehmen, und der Titel sollte heißen: Der fröhliche Klapperstorch. Ich war her und setzte mich drüber und saß wohl über vier Stunden: daß mir doch wäre eine Zeile beigefallen? Der Tebel hol mer, nicht ein Wort konnte ich zuwege bringen, das sich zu dem fröhlichen Klapperstorche geschickt hätte; ich bat meinen Herrn Bruder Grafen, er sollte es versuchen, ob er was könnte zur Not herbringen, weil mir nichts beifallen wollte. Der Herr Graf sagte nun, wie er vor diesem wäre in die Schule gegangen, so hätte er ein bischen reimen lernen, ob ers aber würde noch können, wüßte er nicht, doch müßte ers versuchen, obs angehn wollte. Hierauf setzte sich der Graf nun hin, nahm Feder und Tinte und fing da an zu dichten. Was er damals nun aufschmierte, waren folgende Zeilen:

> Die Lerche hat sich schon in Lüften präsentieret,
> Und Mutter Flora steigt allmählich aus dem Neste;
> Schläft gleich die Maja noch in ihrem Zimmer feste;
> Daß also jetzger Zeit viel Lust nicht wird gespüret.
> Dennoch so will ...

Als er über diesen Zeilen nun so wohl eine halbe Stunde gesessen, so guckte ich von hinten auf seinen Zettel und sah, was er gemacht hatte. Wie ich nun das Zeug las, mußte ich, der Tebel hol mer, recht über den Herrn Bruder Grafen lachen, daß es solch albern Gemächte war. Denn anstatt daß er den Klapperstorch hätte setzen sollen, hatte er die Lerche hingeschmiert, und wo Traute stehen sollte, hatte er gar einen Flor genommen; denn der Flor schickt sich auch auf die Hochzeit, und dazu hätte sichs auch hintenaus reimen müssen. Denn präsentieret und Neste, das reimt sich auch, der Tebel hol mer, wie eine Faust aufs Auge. Er wollte sich zwar den Kopf weiter darüber zerbrechen, allein so hieß ichs ihn nur sein lassen und dafür schlafen. Ob ich nun wohl auch selben Tag ganz nichts zuwege bringen kunnte, so setzte ich mich folgenden Tag früh doch wieder drüber und wollte von Gertrauten und dem Klapperstorche der Braut ein Karmen machen. O sapperment! als ich die Feder ansetzte, was hatte ich dazumal vor Einfälle von dem Klapperstorche, daß ich auch, der Tebel hol mer, nicht länger als einen halben Tag darüber saß, so war es fertig und hieß, wie folgt, also:

Der fröhliche Klapperstorch. Gertrautens-Tag werden wir balde
  nun haben,
Da bringet der fröhliche Klapperstorch Gaben,
Derselbe wird fliehen über Wasser und Gras
Und unsrer Braut Trauten verehren auch was,
Das wird sie, der Tebel hol mer, wol sparen,
Und keinem nicht weisen in dreiviertel Jahren.
Worzu denn wünschet bei dieser Hochzeit
Gesunden und frischen Leib bis in Ewigkeit,
  Auch langes Leben spat und früh,

Eine Standesperson von Schelmuffsky.

Sobald als nun die Hochzeitstage herbeirückten, wurde ich und der Herr Bruder Graf von der Braut Vater gebeten, daß wir doch seiner Tochter die große Ehre antun möchten und sie zur Trauung führen; ich antwortete dem Hochzeitsvater hierauf sehr artig, wie daß ich vor meine Person solches gerne tun wollte, aber ob mein Herr Bruder Graf dabei würde erscheinen können, zweifelte ich sehr, dieweil der arme Schelm das kalte Fieber bekommen hätte und ganz bettlägerig worden wäre. Dem Herrn Hochzeitsvater war solches sehr leid, und weil es nicht sein kunnte, mußte der Herr Bürgermeister seine Stelle vertreten. Als ich nun die Braut zur Trauung mitführte, O sapperment! was war vor ein Aufgesehe von dem Volke, sie drückten, der Tebel hol mer, bald einander ganz zunichte, nur weil ein jedweder mich so gerne sehen wollte. Denn ich ging sehr artig neben der Braut her in einem schwarzen langen seidenen Mantel mit einem roten breiten Samtkragen. In Amsterdam ist es nun so die Mode, da tragen die Standespersonen auf ihren schwarzen Mänteln lauter rote Samtkragen und hohe spitzige Hüte. Ich kanns, der Tebel hol mer, nicht sagen, wie ich das Mensche so nett zur Trauung führte und wie mir der spitzige Hut und lange Mantel mit dem roten Samtkragen so proper ließ [32]. Da nun die Trauung vorbei und die Hochzeit anging, mußte ich mich flugs zur Braut setzen, welches nächst dem Bräutigam die oberste Stelle war, hernach saßen erstlich die andern vornehmen Standespersonen, welche mich alle, zumal die mich noch nicht groß gesehen hatten, mit höchster Verwunderung ansahen und wohl bei sich dachten, daß ich einer mit von den vornehmsten und bravsten Kerlen müßte auf der Welt sein (wie es denn auch wahr war), daß man mir die Oberstelle eingeräumt hatte.

Wie wir nun so eine Weile gespeist hatten, kam der Hochzeitsbitter vor den Tisch getreten und fing an: wer unter den Herren Hochzeitsgästen von Standespersonen dem Herrn Bräutigam oder der Jungfrau Braut zu Ehren ein Karmen verfertigt hätte, der möchte so gut sein und solches präsentieren. Sapperment! wie griffen sie alle in die Schubsäcke und brachte ein jedweder einen gedruckten Zettel herausgeschleppt und waren willens, solches zu übergeben. Weil sie aber sahen, daß ich auch in meinen Hosen herummährte [33] und auch was suchte, dachten sie gleich, daß ich ebenfalls was würde haben drucken lassen, und wollte mir keiner vorgehen. Endlich so brachte ich mein Karmen [34], welches ich auf roten Atlas drucken lassen, aus dem Hosenfutter herausgezogen. O sapperment! was war vor Aufsehens da bei den Leuten! Dasselbe übergab ich nun zu allererst der Braut mit einem überaus artigen Komplimente. Als sie nun den Titel davon erblickte, Sapperment! was machte das Mensche vor ein Gesicht! da sie aber nun erstlich solches durchlas, so verkehrte sie, der Tebel hol mer, die Augen im Kopfe wie ein Kalb, und ich weiß, daß sie wohl dasselbe Mal dachte, wenn nur der Klapperstorch schon da wäre. Die andern mochten nun Lunte riechen, daß mein Hochzeitskarmen unter ihnen wohl das beste sein müßte, und steckten, der Tebel hol mer, fast ein jedweder seines wieder in die Ficke. Etliche übergaben zwar ihre, allein weder Braut noch Bräutigam sah keins mit einem Auge an, sondern legten es gleich unter den Teller, aber nach meinem war, der Tebel hol mer, ein solch Gedränge, weil sie alle es so gerne sehen und lesen wollten. Warum? Es war vor das erste von ungemeiner Invention [35] und vor das andere überaus artig und nettes Deutsch. Dahingegen die andern Standespersonen zu ihren Versen lauter halbgebrochene Worte und ungereimt Deutsch genommen hatten: Ei sapperment! was wurde bei den Leuten vor Aufsehens erweckt, als sie mein Karmen gelesen hatten, sie steckten in einem die Köpfe zusammen und sahen mich immer mit höchster Verwunderung an, daß ich so ein brav Kerl war, und redeten immer heimlich zueinander, daß was sehr Großes hinter mir stecken müßte. Hierauf währte es nicht lange, so stund der Bräutigam auf und fing an, meine Gesundheit zu trinken. Sapperment! was war da vor ein Aufgestehe flugs von den andern Standespersonen, und machten große Reverenzen gegen mich. Ich blieb aber immer sitzen und sah sie alle nach der Reihe mit so einer artigen Miene an; der Herr Bürgermeister, bei welchem ich mit meinem Bruder Grafen im Quartier lag, der lachte immer, daß ihm der Bauch schütterte, so eine herzliche Freude hatte er drüber, daß mich alle miteinander so venerierten [36]. Warum? Es war dem Manne selbst eine Ehre, daß so eine vornehme Person, als nämlich ich, sein Haus betreten hatte.

Wie meine Gesundheit nun über der Tafel herum war, so ließ ich mir den Hochzeitsbitter eine große Wasserkanne geben, in welche wohl vierundzwanzig Kannen nach hiesigem Maße gingen, die mußte mir ein Aufwärter voll Wein schenken und über die Tafel geben. Da dieses der Bräutigam wie auch die Braut und die andern Hochzeitsgäste sahen, sperrten sie, der Tebel hol mer, alle Maul und Nasen drüber auf und wußten nicht, was ich mit der Wasserkanne auf der Tafel da machen wollte. Ich war aber her und stund mit einer artigen Miene auf, nahm die Kanne mit dem Weine in die Hand und sagte: »Es lebe die Braut Traute!« Sapperment! wie bückten sich die andern Standespersonen alle gegen mich. Damit so setzte ich an und soff, der Tebel hol mer, die Wasserkanne mit den vierundzwanzig Maß Wein auf einen Zug reine aus und schmiß sie wider den Kachelofen, daß die Stücken herumflogen. O sapperment! wie sah mich das Volk an! Hatten sie sich nicht zuvor über mich verwundert, als sie meine Hochzeitsverse gelesen, so verwunderten sie sich allererst hernach, da sie sahen, wie ich die Wasserkanne voll Wein so artig aussaufen kunnte. Flugs hierauf ließ ich mir den Aufwärter noch eine solche Kanne voll Wein einschenken und über den Tisch geben, die soff ich nun eben wie die vorige auf des Bräutigams (Toffel hieß er) Gesundheit hinein. Ei sapperment! wie reckten die Staatenstöchter, welche über der andern Tafel saßen, alle die Hälse nach mir in die Höhe, die Menscher verwunderten sich, der Tebel hol mer, auch schrecklich über mich, als sie sahen, daß ich so artig trinken kunnte.

Kurz darauf kam mir so ein unverhoffter und geschwinder Schlaf an, daß ichs auch unmöglich lassen kunnte, ich mußte mich mit dem Kopf auf den Tisch legen und ein bißchen schlafen. Als solches die andern Standespersonen merken, daß ich voll bin, lassen sie mich ins Quartier schaffen, daß ich den Rausch ausschlafen möchte. Auf den morgenden Tag, wie ich wieder erwachte, wußte ich, der Tebel hol mer, nicht, was ich vorigen Abend getan hatte, so voll war ich gewesen. Wie es nun Zeit wieder zur Mittagsmahlzeit war, kam der Hochzeitsbitter und bat mich, daß ich doch fein bald ins Hochzeitshaus kommen möchte, denn sie warteten alle mit der Brautsuppe auf mich. Ich war her, machte mich gleich wieder zurechte und ließ durch den Hochzeitsbitter sagen, sie sollten nur noch ein halb Stündchen mit dem Essen verziehen, ich wollte gleich kommen. Es verzog sich aber nicht lange, so kam die Brautkutsche mit vier Pferden und holte mich aus des Bürgermeisters Hause ab. Sobald ich nun vor das Hochzeitshaus gefahren kam, stund Toffel der Bräutigam mit der Braut schon in der Türe, daß sie mich empfangen wollten. Sie machte die Kutsche auch auf, daß ich hinaussteigen sollte, welches ich auch tat, und sprung flugs mit gleichen Beinen heraus und über Toffeln, den Bräutigam, weg, daß es recht artig zu sehen war; damit führten sie mich hinein in die Stube. Sapperment! was machten die Standespersonen alle vor große Reverenzen vor mir! Ich mußte mich flugs wieder zur Braut hinsetzen, und neben mir zur Linken saß eine Staatenstochter, das war, der Tebel hol mer, auch ein artig Mädchen, denn sie hatten denselben Tag eine bunte Reihe gemacht. Da dachte ich, du mußt doch wieder Wunderdinge erzählen, daß sie Maul und Nasen brav aufsperren und dich wacker ansehen. War hierauf her und fing von meiner wunderlichen Geburt an und die Begebenheit von der Ratte zu erzählen. O sapperment! wie sahen mich die Leute über der Tafel alle an und absonderlich Toffel, der Bräutigam. Dieselbe Staatenstochter, welche neben mir saß, die kam mir, der Tebel hol mer, nicht ein Haar anders vor als meine ersoffene Charmante, sie lisperte mir wohl zehnmal über Tische ins Ohr und sagte, ich sollte doch das von der Ratte noch einmal erzählen, und wie es zugegangen, als sie das seidene Kleid zerfressen gehabt. Sie gab auch Heiratens bei mir vor und fragte, ob ich sie nehmen wollte:

ihr Vater sollte ihr gleich zwanzigtausend Dukatens mitgeben ohne die Aussteuer, welche sie vor sich noch hätte und von ihrer Mutter geerbt. Ich antwortete ihr hierauf auch sehr artig und sagte, wie daß ich ein brav Kerl wäre, der sich schon was Rechts in der Welt versucht hätte und auch noch versuchen wollte. Könnte also mich nicht flugs resolvieren, sondern müßte mich ein wenig bedenken.

Indem als ich mit der Staatenstochter so von Heiraten redete, fing Herr Toffel, der Bräutigam, an und sagte: warum ich denn den Herrn Grafen nicht mitgebracht hätte? Weil ich aber sehr artig anfing und sagte, wie daß er das alltägige Fieber hätte und nicht aufbleiben könnte, müßten sie ihm verzeihen, daß er vor dieses Mal keinen Hochzeitsgast mit abgeben könnte. Hierauf ging die Mittagsmahlzeit nun zu Ende und das Tanzen an. Ei sapperment! wie tanzten die Mädchens in Holland auch galant, sie setzten, der Tebel hol mer, die Beine so artig, daß es ein Geschicke hatte. Da mußte ich nun auch mit tanzen, und zwar mit der Staatenstochter, welche mir über der Tafel zur linken Hand gesessen und bei mir Freiens vorgegeben. Erstlich tanzten sie nun lauter gemeine Tänze, als Sarabanden, Chiquen, Ballette und dergleichen. Solch Zeug tanzte ich nun alles mit weg. Sapperment! wie sahen sie mir alle auf die Beine, weil ich sie so artig setzen kunnte. Nachdem wir nun so eine gute Weile herumgesprungen, so baten sie alle, ich sollte mich doch im Tanzen alleine sehen lassen. Nun kunnte ich ihnen leicht den Gefallen erweisen und eins alleine tanzen. Ich war her und gab den Spielleuten zwei Dukatens und sagte: Allons, ihr Herren, streicht eins einmal den Leipziger Gassenhauer auf. Sapperment! wie fingen die Kerls das Ding an zu streichen. Damit so fing ich nun mit lauter Kreuzkapriolen an und tat, der Tebel hol mer, Sprünge etliche Klafftern hoch in die Höhe, daß die Leute nicht anders dachten, es müßte sonst was aus mir springen. Ei sapperment! was kamen vor Leute von der Gasse ins Hochzeitshaus gelaufen, die mir da mit großer Verwunderung zusahen.

Nachdem ich den Leipziger Gassenhauer nun auch weggetanzt hatte, mußte ich mit desselben Staatens Tochter, welche meine Liebste werden wollte, in der Stadt Amsterdam ein wenig spazieren herumgehen, daß ich mich nur ein wenig abkühlen könnte. Ich ließ mir solches auch gefallen und ging mit demselben Mensche ein wenig in der Stadt herum, weil ich selbige noch nicht groß besehen hatte. Da führte sie mich nun überall herum, wo es was zu sehen gab. Ich mußte mit ihr auch auf die Amsterdamsche Börse gehen, welche, der Tebel hol mer, proper gebaut ist. Sie wies mir auch auf derselben des gewesenen Schiffsadmirals Ruyter [37] seinen Leichenstein, welcher zum ewigen Gedächtnis da aufgehoben wird, weil derselbe Ruyter so ein vortrefflicher Held soll zu Wasser gewesen sein und noch alle Tage in Amsterdam sehr beklagt wird. Als die Staatenstochter mir nun dieses und jenes gezeigt, fing sie zu mir an und sagte, ich sollte sie doch immer nehmen, und wenn ich ja keine Lust, mit ihr in Amsterdam zu bleiben, hätte, so wollte sie ihr Lümpchen zusammenpacken und mit mir fortwandern, wo ich hin wollte, wenn gleich ihr Vater nichts davon wüßte. Worauf ich ihr zur Antwort gab, wie daß ich der bravste Kerl von der Welt wäre, und es könnte schon angehen, aber es ließe sichs so nicht flugs tun, ich wollte es zwar überlegen, wie es anzufangen wäre, und ihr ehster Tage Wind davon geben.

Nach diesem ging ich wieder auf den Tanzplatz und wollte sehen, wo meine zukünftige Liebste wäre, welche von mir auf der Gasse so geschwinde weglief. Ich sah mir bald die Augen aus dem Kopfe nach ihr um, ich kunnte sie aber nicht zu sehen bekommen. Endlich fing eine alte Frau an und sagte zu mir: »Ihr Gnaden, nach wem sehen Sie sich so um«? Wie ich nun der Frau zur Antwort gab, ob sie nicht das Mensche gesehen hätte, welche über Tische neben mir zur linken Hand gesessen. »Ja, Ihr Gnaden«, fing die alte Frau wieder an, »ich habe sie gesehen, allein ihr Herr Vater hat sie heißen nach Hause gehen und erschrecklich ausgefenstert, daß sie sich einer so großen Kühnheit unterfangen und hätte sich von einem so vornehmen Herrn lassen da in der Stadt herumschleppen, daß die Leute nun davon was würden zu reden wissen, und Ihr Gnaden würden sie doch nicht nehmen«. Als solches die alte Mutter mir zur Nachricht gesagt hatte, fragte ich weiter, ob sie denn nicht bald wiederkommen würde. Sie gab mir hierauf wieder zur Antwort, daß sie an ihrer Anherokunft sehr zweifelte, denn ihr Herr Vater (wie sie vernommen) hätte zu ihr gesagt: »Trotz! daß du dich vor dem vornehmen Herrn nicht wieder sehen läßt!« Sapperment! wie verdroß mich solch Ding, daß ich das Mensche nicht sollte zu sehen bekommen, und als sie auch nicht wiederkam, überreichte ich Herrn Toffeln, dem Bräutigam, wie auch der Braut Trauten mein Hochzeitsgeschenke und nahm von ihr wie auch von den andern Standespersonen und Damens überaus artig Abschied und ging immer nach des Bürgermeisters Hause zu.

Ich war auch gleich willens, mich selben Tag gleich wieder zu Schiffe zu setzen, wenn mein Herr Bruder Graf mich nicht so sehr gebeten hätte, daß ich ihn doch bei seiner Unpäßlichkeit nicht verlassen möchte, sondern so lange verziehen, bis daß er sein Fieber wieder los wäre, hernach wollte er mit mir hinreisen, wohin ich wollte. Blieb also meinem Herrn Bruder Grafen zu Gefallen in Amsterdam noch zwei ganzer Jahre und brachte meine Zeit meistenteils zu in den Spielhäusern, allwo alle Tage vortreffliche Kompagnie immer war von vornehmen Damens und Kavalieren. Nachdem nun das elementische Fieber meinen Herrn Bruder Grafen völlig verlassen, ging ich mit ihm in die Bank, ließen uns frische Wechsel zahlen, setzten uns auf ein Schiff und waren willens, Indien, in welchem Lande der Große Mogol residiert, zu besehen.

[30] Tag im Kalender.
[31] Dichterische Erfindung.
[32] so wohl anstand.
[33] wühlte.
[34] Gedicht.
[35] Erfindung.
[36] ehrten.
[37] de Ruyter, holländischer Seeheld, † 1676.

5. Kapitel.

Die Hundstage traten gleich selben Tag im Kalender ein, als ich und mein Herr Bruder Graf von dem Bürgermeister zu Amsterdam Abschied nahmen und uns in ein groß Orlogschiff [38] setzten. Wir waren etwa drei Wochen auf der See nach Indien fortgeschifft, so kamen wir an einen Ort, wo so schrecklich viel Walfische im Wasser gingen, dieselben lockte ich mit einem Stückchen Brote ganz nah an unser Schiff. Der eine Bootsknecht hatte eine Angel bei sich, die mußte er mir geben, und versuchte es, ob ich einen kunnte ins Schiff häkeln. Es wäre auch, der Tebel hol mer, angegangen, wenn die Angel nicht wäre in Stücken gerissen, denn als der Walfisch anbiß und ich im besten Rucken war, so riß der Dreck entzwei, daß also der Angelhaken dem Walfische in dem Rachen steckenblieb, von welchem er unfehlbar wird gestorben sein. Wie solches die andern Walfische gewahr wurden und des Schattens nur von der Angelschnur ansichtig wurden, marschierten sie alle auch fort und ließ sich, der Tebel hol mer, nicht ein einziger wieder an unserm Schiffe blicken.

Wir schifften von da weiter fort und bekamen nach etlichen Tagen das gelübberte Meer [39] zu sehen, allwo wir ganz nahe vorbeifahren mußten. Sapperment! was stunden dort vor Schiffe in dem gelübberten Meere, es war, der Tebel hol mer, nicht anders, als wenn man in einen großen dürren Wald sähe, da die Bäume verdorrt stünden, und war keine Seele auf den Schiffen zu sehen. Ich fragte den Schiffsmann, wie denn das zuginge, weil so viel Schiffe dastünden. Der gab mir zur Antwort, daß dieselben Schiffe bei großem Ungestüm der Wind dahin gejagt hätte, wenn die Schiffsleute nach Indien fahren wollten und den Weg verfehlt, daß also auf alle den Schiffen die Leute jämmerlich umkommen müßten. — Wie wir nun an dem gelübberten Meere vorbei waren, kamen wir unter die Linie [40]. Ei sapperment! was war da vor Hitze! Die Sonne brannte uns alle miteinander bald kohlrabenschwarz. Mein Herr Bruder Graf, der war nun ein korpulenter, dicker Herr, der wurde unter der Linie von der grausamen Hitze krank, legte sich hin und starb, der Tebel hol mer, ehe wir uns solches versahen. Sapperment! wie ging mirs so nahe, daß der Kerl da sterben mußte, und war mein bester Reisegefährte. Allein was kunnte ich tun? Tot war er einmal, und wenn ich mich auch noch so sehr über ihn gegrämt, ich hätte ihn doch nicht wiederbekommen. Ich war aber her und bund ihn nach Schiffsgewohnheit sehr artig auf ein Brett, steckte ihm zwei Dukatens in seine schwarzsamtnen Hosen und schickte ihn damit auf dem Wasser fort; wo derselbe nun mag begraben liegen, dasselbe kann ich, der Tebel hol mer, keinem Menschen sagen.

Drei Wochen nach seinem Tode gelangten wir bei gutem Winde in Indien an, allwo wir an einer schönen Pfingstwiese ausstiegen, dem Schiffsmann das Fährgeld richtig machten und einer hernach hier hinaus, der andere dort hinaus seinen Weg zunahmen. Ich erkundigte mich nun gleich, wo der Große Mogol residierte. Erstlich fragte ich einen kleinen Jungen, welcher auf derselben Pfingstwiese, wo wir ausgestiegen waren, in einem grünen Käppchen dort herumlief und die jungen Gänschen hütete. Ich redete denselben recht artig an und sagte: Höre, Kleiner! kannst du mir keine Nachricht sagen, wo der Große Mogol in diesem Lande wohnt? Der Junge aber kunnte noch nicht einmal reden, sondern wies nur mit dem Finger und sagte: a. a. Da wußte ich nun, der Tebel hol mer, viel, was a a heißen sollte. Ich ging auf der Wiese weiter fort, so kam mir ein Scherenschleifer entgegengefahren, denselben fragte ich nun auch, ob er mir keine Nachricht erteilen könnte, wo der Mogol wohnen müßte. Der Scherenschleifer gab mir hierauf gleich Bescheid und sagte, daß zwei Mogols in Indien residierten, einen hießen sie nur den Großen Mogol, den andern aber nur den Kleinen. Wie er nun hörte, daß ich zu dem Großen wollte, so sagte er mir gleich, daß ich etwa noch eine Stunde hin an seine Residenz hätte, und ich sollte nur auf der Pfingstwiese fortgehen, ich könnte nicht irren; wenn dieselbe zu Ende, würde ich an eine große Ringmauer kommen, da sollte ich nur hinter weggehen, dieselbe würde mich bis an das Schloßtor führen, worinnen der Große Mogol residierte, denn seine Residenz hieße Agra. Nachdem der Scherenschleifer mir nun diese Nachricht erteilt, ging ich auf der Pfingstwiese immer fort und gedachte unterwegens an den kleinen Jungen in dem grünen Käppchen, daß er a a sagte; ich hielt gänzlich dafür, der kleine Blutschelm, ob er gleich nicht viel reden kunnte, müßte mich doch auch verstanden haben und gewußt, wo der Große Mogol wohnte, weil er Agra noch nicht aussprechen kunnte, sondern nur a a lallte. Des Scherenschleifers seine Nachricht traf, der Tebel hol mer, auch auf ein Härchen ein, denn sobald als die Pfingstwiese ausging, kam ich an eine große Ringmauer, hinter welcher ich wegmarschierte, und sobald dieselbe zu Ende, kam ich an ein erschrecklich groß Torweg, vor welchem wohl über zweihundert Trabanten mit bloßen Schwertern stunden, die hatten alle grüne Pumphosen und ein Kollet [41] mit Schweinebratenärmeln an. Da roch ich nun gleich Lunte, daß darinnen der Große Mogol residieren würde.

Ich war her und fragte die Trabanten, ob ihre Herrschaft zu Hause wäre, worauf die Kerls alle zugleich ja schrien, und was mein Verlangen wäre. Da erzählte ich den Trabanten nun gleich, wie daß ich nämlich ein brav Kerl wäre, der sich was rechts in der Welt versucht hätte und auch noch versuchen wollte; sie sollten mich doch bei dem Großen Mogol anmelden, der und der wäre ich, und ich wollte ihm auf ein paar Worte zusprechen. Sapperment! wie liefen hierauf flugs ihrer zwölfe nach des Großen Mogols Zimmer zu und meldeten mich bei ihm an. Sie kamen aber bald wiedergelaufen und sagten, ich sollte hineinspazieren, es würde ihrer Herrschaft sehr angenehm sein, daß einer aus fremden Landen sie einiges Zuspruchs würdigte. Damit ging ich nun durch die Wache durch.

Ich war kaum sechs Schritte gegangen, so schrie der Große Mogol zu seinem Gemach oben heraus, sie sollten das Gewehr vor mir präsentieren. Sapperment! als die Trabanten dieses hörten, wie sprungen die Kerls ins Gewehr und nahmen alle ihre Hüte unter den Arm und sahen mich mit höchster Verwunderung an. Denn ich kunnte nun recht artig durch die Wache durchpassieren, daß es, der Tebel hol mer, groß Aufsehens bei dem Großen Mogol erweckte. Wie ich nun an eine große marmorsteinerne Treppe kam, allwo ich hinaufgehen mußte, so kam mir, der Tebel hol mer, der Große Mogol wohl auf halbe Treppe herunter entgegen, empfing mich und führte mich bei dem Arme vollends hinauf. Sapperment! was präsentierte sich da vor ein schöner Saal, er flimmerte und flammerte, der Tebel hol mer, von lauter Golde und Edelgesteinen. Auf demselben Saal hieß er mich nun willkommen und freute sich meiner guten Gesundheit und sagte, daß er in langer Zeit nicht hätte das Glück gehabt, daß ein Deutscher ihm zugesprochen hätte, und fragte hernach nach meinem Stande und Herkommen, wer ich wäre. Ich erzählte ihm hierauf nun sehr artig flugs meine Geburt und die Begebenheit von der Ratte und wie daß ich einer von den bravsten Kerlen der Welt wäre, der so viel gesehen und ausgestanden schon hätte. Sapperment! wie horchte der Große Mogol, als er mich diese Dinge erzählen hörte. Er führte mich nach solcher Erzählung gleich in ein vortrefflich aufgeputztes Zimmer und sagte, daß dasselbe zu meinen Diensten stünde, und ich möchte so lange bei ihm bleiben, als ich wollte, es sollte ihm und seiner Gemahlin sehr angenehm sein. Er rief auch gleich Pagen und Lakeien, die mich bedienen sollten. Sapperment! wie die Kerls kamen, was machten sie vor närrische Reverenzen vor mir! Erstlich bückten sie sich mit dem Kopfe bis zur Erden vor mir, hernach kehrten sie mir den Rücken zu und scharrten mit allen beiden Beinen zugleich weit hinten aus. Der Große Mogol befahl ihnen, sie sollten mich ja recht bedienen, sonsten wo nur die geringste Klage kommen würde, sollten sowohl Lakeien als Pagen in die Küche geführt werden. Hierauf nahm er von mir Abschied und ging wieder nach seinem Zimmer zu. Als er nun weg war, Sapperment! wie bedienten mich die Burschen so brav, sie hießen mich nur zwar Junker, allein was sie mir nur an den Augen absehen kunnten, das taten sie. Wenn ich nur zuzeiten einmal ausspuckte, so liefen sie, der Tebel hol mer, alle zugleich, daß sie es austreten wollten, denn wer es am ersten austrat, was ich ausgespuckt hatte, so schätzte sichs derselbe allemal vor eine große Ehre.

Der Große Mogol hatte mich kaum eine halbe Stunde verlassen, so kam er mit seiner Gemahlin, mit seinen Kavalieren und Damens in mein Zimmer wieder hineingetreten. Da hieß mich nun seine Gemahlin wie auch die Kavaliers und Damens alle willkommen, und sahen mich mit großer Verwunderung an. Ich mußte auf Bitten des Großen Mogols die Begebenheit von der Ratte noch einmal erzählen, denn seine Gemahlin wollte dieselbe Historie so gerne hören. Ei sapperment! wie hat das Mensche drüber gelacht! Die Kavaliers und Damens aber sahen mich alle mit großer Verwunderung an und sagte immer eines heimlich zu dem andern, ich müßte wohl was Rechts in Deutschland sein, weil ich von solchen Dingen erzählen könnte.

Nun war es gleich Zeit zur Abendmahlzeit, daß der Große

Mogol zur Tafel blasen ließ. Ei sapperment! was hörte man da vor ein Geschmittere und Geschmattere von den Trompeten und Heerpauken! Es stunden zweihundert Trompeter und neunundneunzig Heerpauker in seinem Schloßhofe auf einem großen breiten Steine, die mußten mir zu Ehren sich da hören lassen, die Kerls bliesen, der Tebel hol mer, unvergleichlich. Wie sie nun ausgeblasen hatten, so mußte ich die Große Mogoln bei der Hand nehmen und sie zur Tafel führen; es ließ, der Tebel hol mer, recht artig, wie ich so neben ihr herging. Sobald als wir nun in das Tafelgemach kommen, so nötigte mich der Große Mogol, daß ich mich setzen sollte und die Oberstelle an der Tafel einnehmen. Ich hätte solches auch ohne Bedenken getan, wenn ich nicht Lust gehabt, mich neben seiner Gemahlin zu setzen, denn es war so ein wunderschön Mensche. Also mußte sich erstlich der Große Mogol setzen, neben ihn setzte ich mich und neben mir zur linken Hand setzte sich nun seine Liebste; ich saß da recht artig mitteninne. Über Tische so wurde nun von allerhand diskuriert. Die Große Mogoln fragte mich, ob denn auch in Deutschland gut Bier gebraut würde und welch Bier man denn vor das beste da hielte. Ich antwortete ihr hierauf sehr artig wieder, wie daß nämlich in Deutschland überaus gut Bier gebraut würde, und absonderlich an dem Orte, wo ich zu Hause wäre, da brauten die Leute Bier, welches sie nur Klebebier nennten und zwar aus der Ursachen, weil es so malzreich wäre, daß es einem ganz zwischen den Fingern klebte, und schmeckte auch wie lauter Zucker so süß, daß, wer von demselben Biere nur ein Nößel [42] getrunken hätte, derselbe hernachmals flugs darnach predigen könnte. Sapperment! wie verwunderten sie sich alle, daß es solch gut Bier in Deutschland gäbe, welches solche Kraft in sich hätte.

Indem wir nun so von diesem und jenem über der Tafel diskurierten und ich gleich willens war, die Historie von meinem Blaserohre zu erzählen, so kam des Großen Mogols seine Leibsängerin in das Tafelgemach hineingegangen, welche eine indianische Leier an der Seite hängen hatte. Sapperment! wie kunnte das Mensche schön singen und mit der Leier den Generalbaß so künstlich darzu spielen, daß ich, der Tebel hol mer, die Zeit meines Lebens nichts Schöners auf der Welt gehört habe. Kanns nicht sagen, was das Mensche vor eine schöne Stimme zu singen hatte.

Sie kunnte, der Tebel hol mer, bis in das neunzehnte gestrichene C hinauf singen und schlug ein Trillo aus der Quinte bis in die Oktave in einem Atem auf zweihundert Takte weg und wurde ihr nicht einmal sauer. Sie sung vor der Tafel eine Arie von den roten Augen und den schwarzen Backen, daß es, der Tebel hol mer, überaus artig zu hören war. Nachdem nun die Abendmahlzeit zu Ende war, mußte ich wieder die Große Mogoln bei der Hand nehmen und mit ihr nach meinem Zimmer zugehen, allwo sie, wie auch der Große Mogol, Kavaliers und Damens von mir Abschied nahmen und eine gute Nacht wünschten, worauf ich mich sehr artig bedankte und sagte, daß sie alle miteinander fein wohl schlafen sollten und sich was Angenehmes träumen lassen.

Hiermit verließen sie alle miteinander meine Stube und gingen auch, sich ins Bette zu legen. Da sie nun von mir weg waren, kamen vier Lakeien und drei Pagen in mein Gemach hinein, die fragten nun, ob sich der Junker wollte ausziehen lassen. Wie ich nun ihnen zur Antwort gab, daß ich freilich etwas schläfrig wäre und nicht lange mehr offen bleiben würde. Sapperment! wie waren die Kerls geschäftig; der eine lief und holte mir ein Paar ganz göldne Pantoffeln, der andere eine schöne mit Gold gestickte

Schlafhaube, der dritte einen unvergleichlich schönen Schafpelz, der vierte schnallte mir die Schuhe auf, der fünfte zog mir die Strümpfe aus, der sechste brachte mir einen ganz göldnen Nachttopf und der siebente machte mir die Schlafkammer auf. O sapperment! was stund da vor ein schön Bette, in welches ich mich legen mußte, es war, der Tebel hol mer, auch so proper, daß ichs nicht genug beschreiben kann, und schlief sichs auch so weich darinnen, daß ich auch die ganze Nacht nicht einmal aufwachte.

Des Morgens stund ich auf und ließ mich wieder ankleiden; wie ich nun fertig war, schickte der Große Mogol zu mir, ließ mir einen guten Morgen vermelden, und wenn mir was Angenehmes geträumt hätte, sollte es ihm lieb zu hören sein, auch dabei sagen, ob ich mich nicht ein wenig in sein geheimes Kabinett bemühen wollte. Er wollte mich um etwas konsultieren. Ich war hierauf geschwinde mit einer Antwort wieder fertig und ließ ihm sehr artig wiedersagen, wie daß ich nämlich sehr wohl geschlafen, aber was das Träumen anbelangt, so hätte ich keinen guten Traum gehabt, und daß ich sollte zu ihm kommen in sein Kabinett, dasselbe sollte gleich geschehen. Solches ließ ich ihm durch seinen Kammerpagen nun wiedersagen und ging hernach gleich zu ihm und hörte, was sein Anbringen war.

Da ich nun zu ihm hinkam und meine Komplimente sehr artig bei ihm abgelegt, so schloß er einen großen Bücherschrank auf und langte ein groß Buch heraus, welches in Schweinsleder eingebunden war; dasselbe zeigte er mir und sagte, daß er in dasselbe täglich sein Einkommen schriebe, und wenn das Jahr um wäre und er die Summa zusammenrechnete, wollte es keinmal eintreffen und fehlte allemal der dritte Teil seiner Einkünfte, und fragte hierauf, ob ich rechnen könnte. Worauf ich ihm denn wieder zur Antwort gab, wie daß ich ein brav Kerl wäre und Adam Riesen sein Rechenbuch sehr wohl kennte; er sollte mir das große Buch geben, ich wollte schon sehen, wie die Summa herauszubringen wäre. Hierauf so gab er mir das Buch, worinnen seine Einkünfte stunden, und ließ mich allein. Wie ich nun das Buch so durchblätterte, Ei sapperment! was stunden da vor Lehnen [43] und Zinsen. Ich war her, setzte mich hin, nahm Feder und Tinte und fing an eins, zehne, hundert, tausend zu zählen, und wie ich nun sah, daß der Große Mogol in dem Einmaleins gefehlt hatte und solches nicht richtig im Kopfe gehabt, so hatte es freilich nicht anders sein können, daß die Summa um den dritten Teil weniger bei ihm herausgekommen war, als er täglich aufgeschrieben. Denn anstatt, da er hätte zählen sollen: zehn mal hundert ist tausend, so hatte er gezählt: zehn mal tausend ist hundert, und wo er hätte subtrahieren sollen, als zum Exempel: eins von hundert bleibt neunundneunzig, so hatte er aber subtrahiert: eins von hundert kann ich nicht, eins von zehn bleibt neune, und neune von neun geht auf. Das geht ja, der Tebel hol mer, unmöglich an, daß es eintreffen kann. Als ich nun solche Fehler sah, merkte ich nun gleich, wo der Hund begraben lag. Ich war her und setzte mich drüber, und rechnete kaum zwei Stunden, so hatte ich alles miteinander in die richtige Summa gebracht und behielt noch halb so viel übrig über die ganze Masse, als er einzunehmen und von Tage zu Tage aufgeschrieben hatte. Als ich nun den Kalkulum [44] von Adam Riesens Rechenbuche sehr artig und richtig gezogen, rief ich ihn wieder zu mir und wies ihm nun, wie und wo er in dem Einmaleins gefehlt hätte und wie ich alles so artig und richtig herausgebracht hätte und noch halb so viel Überschuß behalten. Ei sapperment! als ich ihm von dem Überschusse schwatzte, sprung er vor Freuden hoch in die Höhe, klopfte mich auf meine Achseln und sagte, wenn ich gesonnen wäre, bei ihm zu bleiben, er wollte mich zu seinem geheimen Reichskanzler machen. Ich antwortete ihm hierauf wieder und sagte, wie daß freilich was Rechts hinter mir steckte und daß ich der bravste Kerl mit von der Welt wäre, und weil ich mein Herze nur daran gehängt hätte, fremde Länder und Städte zu besehen, so wollte ich mich vor das gute Anerbieten hiermit bedankt haben.

Weil er nun sah, daß ich zu solcher Charge keine Lust hatte, so erwies er mir die vierzehn Tage über, als ich bei ihm war, auch solche Ehre, daß ichs, der Tebel hol mer, mein Lebtag nicht vergessen werde. Denn es ist ein erschrecklich reicher Herr, der Große Mogol, er wird nur als Kaiser dort tituliert und hat so viel Schätze, als Tage im Jahre sein; die habe ich auch alle miteinander gesehen. Denn er zeigte mir alle Tage einen. Vortreffliche schöne Bücher hat er auch und ist ein sonderlicher Liebhaber von denselben; ich mußte ihm auch mit Hand und Munde zusagen, daß ich ihm eins aus Deutschland in seinen Bücherschrank schicken wollte vor Geld und gute Worte. Als er nun sah, daß ich mich wieder reisefertig machte, so verehrte er mir sein Bildnis mit der Kette und seine Gemahlin schenkte mir tausend Spezies-Dukaten eines Schlags [45], worauf des Großen Mogols Bildnis geprägt war. Damit hängte ich die Kette mit des Großen Mogols Bildnis an mich, welches von dem schönsten indianischen Golde war, und nahm von ihm sehr artig, wie auch von seiner Gemahlin, Kavalieren und Damens wieder Abschied, und ging von da zu Schiffe nach England zu.

[38] Kriegsschiff.
[39] das Lebermeer, in dem der Sage nach die Schiffe stecken bleiben.
[40] den Äquator.
[41] Wams.
[42] kleines Hohlmaß.
[43] Darlehn.
[44] die Schlußrechnung, das Resultat.
[45] einer Prägung.

6. Kapitel.

Als ich nun von dem Großen Mogol Abschied genommen und er mir mit seinem ganzen Hofstaat bis zu Ende seiner Ringmauer zu Fuße das Geleite gegeben hatte, marschierte ich auf derselben Pfingstwiese immer nach demselben Wasser wieder zu, wo ich vor vierzehn Tagen abgestiegen war, und setzte mich da wieder auf ein groß Lastschiff, welches nach England zu segeln wollte, und fuhr mit demselben fort. Auf dem Schiffe erzählte ich nun dem Schiffsmann sehr artig auch, wie daß mich der Große Mogol so vortrefflich traktiert hatte und bei meinem Abschiede sein Bildnis mit der Kette mir auch verehret. Da meinte ich nun, der Schiffer würde etwa die Augen groß drüber aufsperren und sich über mich verwundern, daß ich so ein brav Kerl wäre, allein, der Tebel hol mer, nicht das Geringste: der Kerl nahm den Hut nicht einmal vor mir ab, sondern fing gar zu mir an und sagte:

Manche Leute hätten mehr Glück als Recht. O sapperment! wie verdroß mich das Ding, daß der Bärenhäuter mir von solchen Sachen schwatzte und fehlte dazumal nicht viel, daß ich ihm nicht ein halb Dutzend Preschen gegeben hätte. Doch dachte ich endlich, es ist ein einfältiger Mensch, was kannst du mit ihm machen, er kennt dich nicht, was Standes du bist, und ließ es also dabei bewenden.

Wie wir nun drei Tage und fünf Nächte von der indianischen Pfingstwiese fortgesegelt waren, so kamen wir mit unserm Schiffe auf das große Mittelländische Meer. Ei sapperment! was gab es da vor allerhand Meerwunder zu sehen, die schwammen wohl zu etlichen tausenden immer um unser Schiff herum. Meine einzige Freude hatte ich damals mit einem kleinen Seehündchen; das lockte ich mit einem Stückchen Brote ganz nah an unser Schiff heran, daß es auch endlich so freundlich tat und mit mir spielen wollte. Ich war her, weil es so artig aussah, und wollte es aus dem Meere ins Schiff haschen, als ich aber nach dem Ase griff, so biß mich die Wetterkröte, der Tebel hol mer, durch alle fünf Finger durch und durch und tauchte drauf unter. O sapperment! wie lief das Blut zwischen den Fingern herunter und bluteten wohl acht Tage, ehe sie wieder aufhörten; sie taten mir überaus weh nach dem Bisse. Endlich so brachte mir der Schiffer ein Gläschen mit Bomolie [46] getragen und hieß mich die Finger damit schmieren und sagte, daß die Bomolie so trefflich gut dafür wäre, wenn einen was gebissen hätte. Ich war her und schmierte mir die Finger damit, es vergingen kaum zwei Stunden, so war, der Tebel hol mer, alles wieder geheilt. — Nachdem wir nun bald durch das Mittelländische Meer durch waren, so ließen sich erschrecklich viel Sirenen von ferne im Meer blicken; dieselben Menscher singen, der Tebel hol mer, admirabel schön. Da selbige der Schiffsmann gewahr wurde, hieß er uns die Ohren alle miteinander feste zustopfen, denn wenn sie näher kämen, so würden sie uns mit ihrem wunderschönen Singen so bezaubern, daß wir nicht würden von der Stelle fahren können. Ei sapperment! als ich dieses hörte, wie stopfte ich mir die Ohren feste zu und hieß den Schiffsmann geschwinde fortfahren. — Drei Tage hierauf kamen wir in die Ostsee, da schifften wir auch wohl etliche Wochen, ehe wir durch wegkamen. Was es in derselben See vor

Hechte gab, das kann ich, der Tebel hol mer, keinem sagen; die Bootsknechte hatten einen Hamen [47] mit auf dem Schiffe: Sapperment! was fingen die Kerls da vor Zeugs von Hechten! Sie hatten, der Tebel hol mer, Zungen wie die großen Kälber, und klebte wohl an einer Hechtzunge über sechs Kannen Fett.

Etliche Monate hierauf, nachdem wir durch unterschiedene Flüsse durchpassiert waren, gelangten wir glücklich in England an, allwo ich vor London ausstieg, dem Schiffer das Fährgeld richtig machte und in die Stadt London hineinging und mein Quartier bei dem Alamode-Töpfer nahm, welcher flugs an dem Tore wohnte. Der Kerl war nun gegen mich sehr höflich, er empfing mich, fragte, was mein Verlangen wäre, wo ich herkäme und wer ich wäre. Ich erzählte ihm flugs sehr artig auch meine Geburt und von der Ratte, und wie daß ich so ein brav Kerl wäre und wollte das Quartier bei ihm nehmen, auch wie ich gesonnen wäre, mich incognito etliche Wochen bei ihm aufzuhalten. Der Kerl, der Alamode-Töpfer, war hierauf sehr wohl zu sprechen und sah mir auch flugs an den Augen an, daß ich was rechts sein müßte, aber der Lumpenhund war etwas sehr undiskret [48], denn wenn er mit mir redete, so nahm er nicht allemal seinen Hut vor mir ab, welches mich denn abscheulich auf ihn verdroß, daß er mir meinen gebührenden Respekt nicht gab. — Wie ich nun vermeinte, ich wollte nur in London als ein schlechter [49] Kavalier mich aufführen und vor keine Standesperson nicht ausgeben, so kam, der Tebel hol mer, Herr Toffel, der vornehme Lord in London, mit Trauten, seiner Liebsten, bei welchen ich zu Amsterdam auf der Hochzeit gewesen, zum Alamode-Töpfer in die Stube hineingetreten und hießen mich da willkommen. Sapperment! wie verwunderte ich mich, daß sie mich flugs ausgestankert [50] hatten. Sie erzählten mir hernach alles, wie daß sie mich hätten sehen am Ufer aussteigen und wie ich so artig zum Alamode-Töpfer ins Haus hineingewischt wäre, denn Toffel, der vornehme Lord, hatte seinen Palast allernächst in derselben Gasse. Er bat mich auch hernach, daß ich bei ihm das Quartier nehmen sollte, allein weil ich mich bei dem Alamode-Töpfer schon einlogiert hatte und der Mann auch mich nicht von sich lassen wollte, so mochte ich nicht gerne das Quartier verändern, denn es hätte nur Aufsehens vor den Leuten erweckt, wenn ich meine Sachen so hin und wieder schleppen lassen.

Ich wurde gleich selben Abend von Herrn Toffeln, dem vornehmen Lord, zu Gaste gebeten, allwo viel andere Standespersonen und vornehme Lordstöchter auch waren, die sich alle miteinander in mich verliebten und Heiratens bei mir vorgaben, denn ich zeigte ihnen des Großen Mogols Bildnis mit der Kette und erzählte ihnen, wie daß er mich damit beschenkt und vortrefflich gastiert hätte, weil ich ihm den Kalkulum seiner Einkünfte sehr artig und richtig ziehen können, daß er nämlich über sein ganzes Einkommen das Jahr lang noch halb soviel Überschuß gehabt, als er eingenommen hatte. Ich sagte auch, daß er mich hätte zu seinem Geheimen Reichskanzler machen wollen, allein weil ich mich noch nicht Lust zu setzen gehabt, hätte ich mich wegen des guten Anerbietens bedankt. Sapperment! wie sahen mich die Menscher, die vornehmen Lordstöchter, über Tische nacheinander an; sie fingen alle miteinander an, meine Gesundheit zu trinken. Eine sagte: »Es lebe des reichen Mogols in Indien sein Herr Reichskanzler«. Die andere sagte: »Es lebe der fremde vornehme Herr, welcher mit des Großen Mogols Bildnis ist beschenkt worden«. Die dritte sagte: »Es lebe eine hohe Standesperson in Gedanken, dem was Rechts aus den Augen heraussieht«. Ich merkte nun wohl, daß dieses alles mir galt; so machte ich allemal gegen das Frauenzimmer, welches meine Gesundheit trank, eine sehr artige Miene, daß es mir, der Tebel hol mer, sehr wohl ließ. Wie die Historie von dem Großen Mogol nun aus war, so fing ich von meiner wunderlichen Geburt und von der Ratte was an zu schwatzen. Ei sapperment! wie sperrten die vornehmen Lords alle Maul und Nasen auf, als sie diese Dinge hörten. — Den morgenden Tag stellte Herrn Toffeln seine Liebste meinetwegen die Tour a la mode an, allwo wohl über zweihundert Kutschen mir zu Gefallen von Standespersonen und den vornehmsten Lordstöchtern aus London mitfuhren. Ich mußte mich zu ihrer zweien, welches Herrn Toffel seine Jungfer Muhmen waren, in die Karosse setzen. Sie hatten mich nun mitteninne sitzen, welches sehr artig zu sehen war, denn mein Bildnis hatte ich aus der Kutsche gehängt, da liefen wohl über hundert Jungen neben der Kutsche her und sahen des Großen Mogols sein Konterfei mit großer Verwunderung an, worüber ich recht meine Freude auch hatte, daß so viel kleine Jungen neben der Karosse herliefen.

Als wir nun etwa zwei Meilen von London an den Ort kamen, wo die Tour a la mode gehalten wurde: Ei sapperment! wie wurde ich da vortrefflich traktiert! sie erwiesen mir auch solche Ehre an demselben Orte, daß ichs, der Tebel hol mer, nicht sagen kann. Den morgenden Tag drauf kamen Herrn Toffeln seine Jungfer Muhmen auf ihrer Kutsche vor des Alamode-Töpfers Haus gefahren, allwo ich im Quartier lag, und baten mich, ob ich belieben wollte, ein wenig mit ihnen zu fahren; sie wollten mir etwas von einigen Antiquitäten der Stadt London zeigen, welche ich wohl vielleicht noch nicht gesehen hätte. Damit setzte ich mich ohne Bedenken zu ihnen in die Karosse hinein und wieder in die Mitten, welches recht artig zu sehen war. Wie ich nun so eine Ecke mit Herrn Toffeln seiner Jungfer Muhmen in London herumgefahren war, so fuhren wir an einen Ort, allda zeigten sie mir den Stein, auf welchem der Patriarch Jakob sollte gesessen haben, wie er im Traum die Himmelsleiter gesehen hätte. Von da fuhren wir wieder fort und kamen an einen Ort, allwo ein groß Beil hing, mit demselben wäre gar einer vornehmen Person der Kopf abgeschlagen worden [51]. Sie nannten mir auch, wie die Person geheißen hätte, allein ich kann mich, der Tebel hol mer, nicht mehr drauf besinnen. Wie sie mir nun dieses und jenes alles gezeigt, fuhren wir wieder zu Herrn Toffeln, bei welchem ich wieder mitspeiste. Ich muß gestehen, daß mir in London, der Tebel hol mer, große Ehre die drei Jahr über, als ich da gewesen bin, widerfahren ist, und absonderlich von dem vornehmen Lord Herrn Toffeln und seiner Jungfer Muhmen.

Als ich nun von denselben Abschied nahm und mich auf die Spanische See begab, haben, der Tebel hol mer, dieselben Menscher die bittersten Zähren gegranst, daß ich von ihnen reiste, sie baten mich wohl hundertmal, daß ich bei ihnen bleiben möchte, ich sollte nicht einen Heller verzehren. Ja wenn ichs dasselbe Mal getan hätte, so wäre ich wohl ein brav Kerl geblieben, allein so dachte ich, durch mein Reisen immer höher und höher zu steigen; es hätte auch leichtlich geschehen können, wenn ich nicht so unglücklich auf der Spanischen See gewesen wäre. Wie mirs nun da gegangen, wird man im folgenden Kapitel bald hören.

[46] Baumöl.
[47] Angelhaken.
[48] unerzogen.
[49] schlichter.
[50] ausfindig gemacht.
[51] Anspielung auf die Hinrichtung des Kronprätendenten Monmouth i. J. 1749.

7. Kapitel.

Wo mir recht ist, war es der erste oder der letzte April, als ich von Herrn Toffeln, dem vornehmen Lord in London, ingleichen von seiner Frau Trauten, wie auch von seiner Jungfer Muhmen und meinem gewesenen Wirte, dem Alamode-Töpfer, völligen Abschied nahm und mich in ein groß Lastschiff, welches schwer mit geräucherten Hechtzungen beladen war und selben Tag aus Portugal kam, setzte. Auf demselben war ich nun willens, nach dem Lande Spanien zu gehen und allda die schönen spanischen Weintrauben zu kosten. Wir segelten bei gutem Wetter von London sehr glücklich ab, der Wind war uns auf der spanischen Seite sehr favorabel und der Himmel hatte sich auch also abgeklärt, daß man, der Tebel hol mer, nicht ein schwarz Fleckchen an den Wolken gesehen hatte. Wie der Schiffsmann nun sah, daß uns der Wind so wohl wollte, hieß er uns alle miteinander, soviel unser zu Schiffe waren, ein lustiges Lied anstimmen und sang auch selber mit.

Indem wir nun so in der besten Freude waren, sah ich von ferne ein Schiff auf uns zugefahren kommen, welches ich dem Schiffsmanne zeigte und ihn fragte, was es vor eins wohl sein müßte. Als der Schiffsmann solches gewahr wurde, fing er gleich an, daß es fremde Flaggen führte und ihm vorkäme, als wenn es gar ein Raub- oder Kaperschiff wäre. Sapperment! da dieses meine Kameraden hörten, wie erschraken die Kerls! Ich aber war her, lief flugs hinunter ins Schiff und sah, ob auch die Stücken [52] alle parat waren. Sobald ich nun in dieselben vorne hineinblies und wollte hören, ob sie auch alle geladen stünden, so war, der Tebel hol mer, nicht ein einziges zurechte gemacht. Was war da zu tun?

Ich fing zu meinen Kameraden gleich an: »Allons, Ihr Herrn, es ist Feind da! Lasset uns unsere Degen fertig halten«. O sapperment! wie stunden die Kerls da und zitterten und bebten, so erschraken sie, als ich ihnen von Degen und Fechten schwatzte. — Es währte hierauf nicht lange, so kam, der Tebel hol mer, das Kaperschiff wie ein Blitz auf uns zugefahren, auf welchem der bekannte Seeräuber Hans Barth [53] mit erschrecklich viel Kapers [54] waren, derselbe fragte nun gleich, ob wir uns wollten gefangen geben. Ich antwortete demselben aber flugs sehr artig wieder und sagte hierauf: »Ich gebe mich, der Tebel hol mer, nicht«. Ei sapperment! wie zog der Kerl mit seinen Kapers vom Leder! Ich war nun mit meinem vortrefflichen Haudegen, welches ein Rückenstreicher war, auch nicht langsam heraus und über die Kapers her. Da hätte man sollen schön Hauen und Fechten sehen, wie ich auf die Kerls hineinhieb; dem Hans Barth säbelte ich, der Tebel hol mer, ein Stücke von seiner großen Nase weg, daß es weit in die See hineinflog, und wird die Stunde noch bei ihm zu sehen sein, daß er eine stumpfige Nase hat. Von den andern Kapers da hieb und stach ich wohl ihrer fünfzehn über den Haufen, ohne die andern, welche ich tödlich zuschanden gehauen hatte. Alleine was wars? wenn nicht der Kerls so schrecklich viel gewesen wären gegen einen Mann! Ja wenn nur meine damaligen Kameraden mir ein wenig beigestanden, wir hätten die Viktorie unfehlbar erhalten wollen. So aber stunden die Bärenhäuter da, hatten die Fäuste alle in den Schubsack gesteckt und ließen, der Tebel hol mer, immer wie auf Kraut und Rüben in sich hineinhauen und regten sich nicht einmal. Ich war, der Tebel hol mer, auch so toll auf die Kerls, daß gar keiner von den Schurken mit Hand anlegen wollte, und daß man hat sein Lebtage gehört: Viel Hunde sind eines Hasen Tod. Denn Hans Barth hatte so einen erschrecklich großen Anhang bei sich. Ja wenn ihrer etwa zwanzig oder dreißig nur gewesen wären, so hätte ich bald wollen mit ihnen zurechte kommen, allein so warens wohl an hundert solche Kerls, die alle über mich her waren. Dennoch aber mußten sie selbst gestehen, daß mir was Rechts aus den Augen herausgesehen hätte, als ich mich so resolut gegen sie gehalten und weder Hieb noch Stich davongetragen.

Wie ich nun letztlich mit Fechten müde war und sah, daß

keine Möglichkeit vorhanden, die Viktorie zu erhalten, mußte ich, der Tebel hol mer, anfangen, um Pardon zu bitten. Da hätte man nun schön plündern gesehen, als die Kerls in unser Schiff kamen. Sie nahmen uns, der Tebel hol mer, alles, was wir hatten. Ich fing denselben an, von meiner Geburt und die Begebenheit von der Ratte zu erzählen, sie wolltens aber, der Tebel hol mer, nicht einmal glauben, sondern zogen uns alle miteinander bis aufs Hemde aus, nahmen alles, was wir hatten, und führten uns noch dazu mit sich gefangen bis nach Sankt Malo, allwo sie uns einen jedweden apart in ein häßlich Gefängnis steckten. O sapperment! wie gedachte ich da an meinen vorigen Stand, wer ich gewesen und wer ich nun in dem häßlichen Loche da wäre. Des Großen Mogols sein Bildnis mit der Kette war fort, die tausend Speziesdukaten, welche mir seine Liebste verehrt hatte, waren fort, mein ander gut Geld benebst den Dukatens, so ich mir zu Amsterdam in Banco zahlen ließ, war fort, mein schön verschammeriertes Kleid, worinnen die Standesperson von Schelmuffsky sich fast in der ganzen Welt sehr artig aufgeführt hatte, war fort. Meine wunderliche Geburt, die lag da im Drecke, niemand wollte mirs glauben, daß die Historie mit der Ratte passiert wäre, und mußte also wie der elendeste Bärenhäuter von der Welt in einem häßlichen Gefängnis da unschuldig ein ganz halb Jahr gefangen liegen. Ei sapperment! wie gings mir da elende! Ich gedachte da vielmals an meinen vorigen Stand und an Herrn Toffeln, des Lords in London, seine Jungfer Muhmen, daß die Menscher so um mich gransten, wie ich nicht bei ihnen bleiben wollte. Ja wer kann alle Dinge wissen, und ich hätte mir, der Tebel hol mer, eher was anders versehen, als daß mirs so gehen sollte.

Der Kerkermeister zu St. Malo traktierte mich auch sehr schlecht in dem Gefängnisse, denn er schickte mir niemals nichts anderes als einen großen Topf voll Kleienbrei durch seine Tochter, welche Clauditte hieß; damit mußte ich mich allemal drei Tage behelfen, ehe ich wieder was kriegte. Manchmal hatten sie mich auch wohl gar vergessen und brachten mir den sechsten Tag allererst wieder was, daß ich, der Tebel hol mer, vielmal drei Tage habe hungern müssen. – Kurz zuvor, ehe mir der Kerkermeister gegen Auslösung von hundert Reichstalern die Freiheit ankündigte, so kam ein Gespenst zu mir vors Gefängnis: Sapperment! als ich das Irreding sah, wie fing ich an zu schreien! Das Gespenst redete mich aber sehr artig an und sagte mit diesen Worten: »Anmutiger Jüngling, du wirst zu deiner Freiheit bald wieder gelangen, gedulde dich nur noch ein klein bischen«. Als ich diese Worte hörte, wußte ich, der Tebel hol mer, nicht, ob ich Mädchen oder Bübchen war, teils erschrak ich darüber, teils freute ich mich auch drüber, weil es von dem anmutigen Jünglinge und von der Freiheit schwatzte. Ich war her, faßte mir ein Herz und fragte das Gespenst, wer es wäre. So gab es mir sehr artig wieder zur Antwort und sagte, es wäre der Charmante als meiner gewesenen Liebsten ihr Geist, welche dort bei Bornholm zu Schiffe mit sechstausend ersaufen müssen. Wie ich nun dieses hörte, daß alles auf ein Härchen so eintraf, erschrak ich ganz nicht mehr vor dem Gespenst, sondern wollte es weiter fragen, wo denn die Charmante damals, als sie ersoffen, hingekommen wäre und wo sie begraben läge. Allein indem ich so fragte, war das Gespenst, der Tebel hol mer, flugs wieder verschwunden. — Hierauf währte es keine halbe Stunde, so kam der Kerkermeister zu mir vors Gefängnis und sagte, wenn ich hundert Reichstaler schaffen könnte, so hätte er Befehl, mich wieder los zu geben. Ich gab ihm zur Antwort, wie daß ich nämlich ein brav Kerl gewesen, der sonst so viel Geld nicht ästimiert hätte, aber jetzund sähe er wohl, daß ich der miserabelste Bärenhäuter wäre. Der Kerkermeister fragte mich weiter, aus was vor einem Lande und woher ich wäre und ob ich da etwa noch Rat zu schaffen wüßte. So könnte ich eiligst hinschreiben und meinen Zustand den Meinigen zu wissen tun. Wie ich nun erzählte, daß ich eine Mutter hätte und ihr einziger lieber Sohn wäre, und daß dieselbe ein sehr gut Auskommen hätte, und daß sie sich so viel Geld würde nicht lassen an das Herz wachsen, wenn sie hören würde, daß es ihrem liebsten Sohn so elend in fremden Landen ginge: als der Kerkermeister dieses hörte, fing er zu mir an, wenn ich meiner Mutter um so viel Geld schreiben wollte, sollte ich aus dem Gefängnis losgelassen werden und so lange bei ihm in seinem Hause Arrest halten, bis daß das Schiff mit dem Gelde ankäme. Sobald als ich in sein Begehren gewilligt hatte, fing er an und sagte: »Eröffnet euch, ihr Bande und Ketten, und lasset den Gefangenen passieren«. Hernach nahm er mich in sein Haus, bis das Schiff mit den hundert Talern anmarschiert kam. Nachdem er das Lösegeld empfangen hatte, so verehrte er mir ein Paar alte Schifferhosen, eine alte Schiffermütze, ein Paar alte zerluderte Strümpfe wie auch Schuh und einen alten Kaperrock auf den Weg und ließ mich damit wieder hinwandern.

[52] Kanonen.
[53] französischer Seeheld.
[54] Seeräubern.

8. Kapitel.

Nun wußte ich, der Tebel hol mer, dazumal nicht, wo ich von da zumarschieren sollte; keinen blutigen Heller im Leben hatte ich, wie der elendeste Bettelbube ging ich, vor nichts Rechts sah mich kein Mensche mehr an, und wußte also meines Lebens keinen Rat, wie ich von St. Malo wieder fortkommen wollte. Endlich so ging ich hin, wo die Schiffe abfuhren, da erzählte ich dem einen Schiffer mein Unglück und wie mirs gegangen wäre und bat ihn, wenn er abführe, er möchte mich doch mitnehmen, ich wollte ihm gerne auf dem Schiffe mit an die Hand gehen. Der Schiffsmann ließ sichs gefallen, denn es war ein engländischer Schiffer und hatte in Frankreich schöne Waren geholt, der erbarmte sich endlich über mich und nahm mich mit. Da mußte ich nun, wenn Sturm kam und die Wellen davon ins Schiff schlugen, immer auf dem Schiffe plumpen, damit die kostbaren Sachen nicht etwa naß würden, so kriegte ich bei ihm zu essen und zu trinken. Als wir nun wieder bei London vorbeifuhren, sagte ich zum Schiffer, daß mir das Plumpen so sauer würde, und ich könnte es unmöglich länger ausstehen, bäte ihn, er möchte mich da lassen aussteigen, ich wollte meinen Weg nach der Stadt zu nehmen. Der Schiffer war mir hierinnen auch nicht zuwider, sondern fuhr mit seinem Schiffe ans Ufer, ließ mich meiner Wege gehen und schiffte von da weiter fort. Ich war her und setzte mich da bei dem Wasser nieder, zog meine Schuh aus, band sie aneinander, hängte sie an den Arm und marschierte in meinen zerzottelten Strümpfen halb barfuß immer nach dem Tore der Stadt London zu. Wie ich nun an dasselbe kam, so stund ich stille und besann mich eine gute Weile, wo ich mein Quartier da aufschlagen wollte, weil ich keinen Heller Geld hatte. Endlich resolvierte ich mich und nahm meinen Abtritt flugs haußen in der Vorstadt auf der Bettelherberge, allwo ich noch Bettler antraf, denen ich vor einem halben Jahre mit einigen Almosen sehr viel Gutes erzeigt hatte, auch etliche zu mir sagten, mein Gesichte wäre ihnen bekannt, und sie sollten mich sonstwo gesehen haben; allein sie konnten sich nicht mehr drauf besinnen. Ein kleiner Betteljunge fing unter anderm an und sagte, daß ich bald aussähe wie der vornehme Herr, der vor einem halben Jahre in London mit den vornehmsten Damens wäre immer in der Kutsche gefahren und hätte ein Goldstück mit einer Kette allezeit aus der Kutsche herausgehängt, bei welcher so viel Schock Jungen stets nebenhergelaufen und das Goldstück so angesehen. Ich ließ mir aber nichts merken, daß ichs war, und wenn ichs ihnen auch gleich gesagt, sie hätten mirs, der Tebel hol mer, nicht einmal geglaubt.

Den andern Tag war ich her, weil ich kein Geld hatte, und ging in die Stadt London hinein; da sprach ich die Leute, welche mich zuvor als eine Standesperson noch nicht gesehen, um einen Zehrpfennig an, denn an die Örter, wo ich vormals war öfters zu Gaste gewesen, kam ich, der Tebel hol mer, nicht, denn sie hätten mich leicht kennen mögen, und wenn ich vor Herrn Toffeln seinem Hause vorbeiging, so zog ich allemal die Mütze in die Augen, damit mich niemand kennen sollte. Ich traf auch ungefähr einen halben Landsmann in London an, welcher ein brav Kerl war und im Kriege sich schon tapfer erwiesen hatte, demselben erzählte ich mein Unglück. Er verehrte mir auch einen Reichstaler und versprach mir, mich frei wieder mit in meine Heimat zu nehmen; allein ich hatte den Ort vergessen, wonach ich ihn fragen sollte, und kunnte denselben also von der Zeit an, als er mir den Taler schenkte, nicht wieder antreffen. Zu meinem großen Glücke fuhren gleich zwei Tage hierauf drei Frachtwagen aus London nach Hamburg; da bat ich die Fuhrleute, daß sie mich mitnehmen sollten, ich hätte nicht viel zu verzehren. Die Fuhren waren ganz gut, und sie sagten, wenn ich ihnen des Nachts ihre Wagen bewachen würde, so wollten sie mich zehrfrei bis nach Hamburg mitnehmen. Ei sapperment! wer war froher als ich! Ich sagte, herzlich gern wollte ichs tun. Hierauf nahmen sie mich nun mit sich, und ich mußte mich vorne in die Schoßkelle [55] setzen und fahren. Wenn wir nun abends ins Quartier kamen, so gaben sie mir allemal den Kopf oder den Schwanz vom Heringe und ein groß Stück Brot dazu; das mußte ich nun in mich hineinreiben, hernach schenkten [56] sie mir auch einmal dazu und hießen mich unter ihre Wagen legen und wachen. Das währte nun eine Nacht und alle Nächte, bis wir in das letzte Wirtshaus nahe vor Hamburg kamen, allwo ich von den Fuhrleuten Abschied nahm. Sie fragten mich zwar, ob ich nicht vollends mit nach Hamburg wollte; ich bedankte mich, doch wäre ich wohl gerne mit hinein gewesen; so aber stund ich in Sorgen, es möchte mich etwa jemand noch da kennen und hernach solches der Rädelwache sagen, daß ich der und der wäre, welcher vor etlichen Jahren ihrer so viel auf einmal zuschanden gehauen und über den Haufen gestoßen hätte. Traute also nicht, sondern nahm von dem nächsten Dorfe vor Hamburg meinen Marsch oben im freien Felde weg und ging so lange, bis ich in ein ander Gebiet kam, daß ich vor der Rädelwache recht sicher war.

Hernach so bettelte ich mich von einem Dorfe zu dem andern, bis ich endlich Schelmerode wieder erblickte und allda nach meiner überstandenen sehr gefährlichen Reise sowohl zu Wasser als zu Lande meiner Frau Mutter frisch und gesund wieder zusprach. Mit was vor Freuden die ehrliche Frau mich damals bewillkommte, will ich beim Eingange des andern Teiles künftig sehr artig auch an den Tag geben. Vor dieses Mal aber hat nun der erste Teil meiner wahrhaftigen kuriösen und sehr gefährlichen Reisebeschreibung zu Wasser und zu Lande ein Ende.

[55] Hängesitz für den Kutscher.
[56] gaben mir zu trinken.

2. Teil

1. Kapitel.

Wo mir recht ist, war es gleich am Sankt Gergenstage, als ich das erstemal von meiner sehr gefährlichen Reise in einem alten zerrissenen Kaperrocke und zwar barfuß des ehrlichen Schelmerode wieder ansichtig wurde. Nun kann ichs, der Tebel hol mer, nicht sagen, wie mir alles so fremde und unbekannt in meiner Geburtsstadt vorkam; ich hatte sie auch so verkennen gelernt, als wenn ich dieselbe zeitlebens mit keinem Auge gesehen gehabt. Drei ganzer Tage und Nächte lief ich wie ein irrer Mensch auf allen Gassen herum und wußte meiner Frau Mutter Haus nicht wiederzufinden, wenn es auch mein Leben hätte kosten sollen. Fragte ich gleich Leute, ob sie mir nicht davon könnten Nachricht geben oder zum wenigsten nur die Gasse sagen, wo meine Frau Mutter wohnen möchte, so sperrten sie, der Tebel hol mer, allemal die Mäuler auf und sahen mich an und lachten. Ich kunnte es ihnen zwar nicht verargen, daß sie so albern taten und mir auf mein Fragen keine Antwort gaben. Warum? Ich hatte meine Fraumuttersprache in der Fremde ganz verreden gelernt, denn ich parlierte meist Engländisch und Holländisch mit unter das Deutsche, und wer mir nicht sehr genau auf mein Maul Achtung gab, der kunnte mir, der Tebel hol mer, nicht eine Silbe verstehen. Ich hätte, halt ich dafür, meiner Frau Mutter Haus wohl in acht Tagen noch nicht gefunden, so mir nicht ohngefähr die dritte Nacht zwischen elfen und zwölfen meine Jungfer Muhmen auf der Gasse wären in Wurf gekommen, welche ich auch anredete und fragte, ob sie mir keine Nachricht von meiner Frau Mutter Hause melden könnten. Die Menscher sahen mir im Finstern beide scharf ins Gesichte und verstundens doch (ob ich gleich sehr undeutsch redete) und was ich haben wollte.

Endlich so fing die eine an und sagte, ich sollte mich erstlich zu erkennen geben, wer ich wäre, alsdann wollten sie mich selbsten an verlangten Ort bringen. Wie ich ihnen nun erzählte, daß ich der und der wäre, und daß ich schon drei ganze Tage in der Stadt herumgelaufen und kein Henker mir hätte berichten können, in welcher Gasse doch meine Frau Mutter wohnen müßte: O sapperment! wie fielen mir die Menscher beide auf der Straße um den Hals und erfreuten sich meiner guten Gesundheit und glücklichen Wiederkunft. Sie kriegten mich beide bei meinem zerrissenen Kaperrocke zu fassen und waren willens, mit mir nach meiner Frau Mutter Hause zu marschieren. Indem wir alle drei nun sehr artig miteinander gingen und ich ihnen unterwegens von meiner Gefangenschaft zu Sankt Malo anfing zu erzählen, so kamen unvermerkt zwei Kerls hinter mir hergeschlichen, die denken, ich bin etwa ein gemeiner Handwerksbursche, weil ich so liederlich ging, und gaben mir da rücklings ein jedweder eine Presche und rissen mir hierauf meine Jungfer Muhmen von der Seite weg und wanderten mit ihnen immer, was läufst du, was hast du, soviel ich im Finstern sehen kunnte, durch ein enges Gäßchen durch. O sapperment! wie verdroß mich das Ding von solchen unverständigen Kerlen, weil sie mich nicht besser respektierten. Ihr größtes Glück war, daß mir auf der spanischen See von Hans Barth mein vortrefflicher Rückenstreicher mit war von der Seite weggeraubt worden, sonst hätte ich ihnen nicht einen Dreier vor ihr ganzes Leben geben wollen; so aber hatte ich nichts in Fäusten, und ohne Degen im Finstern auf Händel auszugehen, glückt auch nicht allemal, drum dachte ich, du willst lieber die Preschen einstecken und stehenbleiben, bis deine Jungfer Muhmen wiederkommen; die werden dirs wohl sagen, wer die Kerls gewesen sein, hernach müssen sie dir schon Satisfaktion vor dem Schimpf geben. Ich stund wohl über drei Stunden auf derselben Stelle, wo ich die Preschen bekommen hatte, und wartete auf meine Jungfer Muhmen.

Wie dieselben nun wiederkamen, so waren sie ganz voller Freuden und erzählten mir, wie es ihnen so wohl gegangen wäre und wie sie beide von denselben Kerlen, welche mir die Preschen gegeben, so vortrefflich beschenkt worden und es sehr bedauert, weil ich ihr Herr Vetter wäre, daß sie sich an mir vergriffen hätten. Nachdem ich von meinen Jungfer Muhmen nun solches vernahm, daß es unversehenerweise geschehen war und daß die Presche, welche ich bekommen, einem andern waren zugedacht gewesen, so ließ ichs gut sein und dachte: Irren ist menschlich. Hierauf so führten mich meine Jungfer Muhmen immer nach meiner Frau Mutter Hause zu. Als wir nun vor die Türe kamen, so konnten wir nicht hineinkommen. Wir klopften wohl über vier Stunden vor meiner Frau Mutter Hause an, allein es wollte uns niemand hören.

Wie wir nun sahen, daß uns keiner aufmachen wollte, legten wir uns alle drei die Länge lang vor die Haustür und schlummerten da so lange, bis das Haus wieder geöffnet wurde; hernach so schlichen wir uns heimlich hinein, die Treppe sachte hinauf und nach meiner Jungfer Muhmen ihrer Kammer zu, daß sie und mich niemand gewahr wurde. Oben zogen sich meine Jungfer Muhmen nun aus und legten ihr Nachthabit an, und zwar zu dem Ende, damit niemand merken sollte, daß sie vergangene Nacht anderswo frische Luft geschöpft hätten. Da solches geschehen, hießen sie mich sachte die Treppe wieder hinunterschleichen und an meiner Frau Mutter Stubentüre anpochen, und sollte hören, ob sie mich auch noch kennen würde.

Als ich nun unten wieder ins Haus kam: O sapperment! wie kam mir alles so fremde und unbekannt in meiner Frau Mutter Hause vor. Ich suchte wohl über zwei Stunden, ehe ich meiner Frau Mutter ihre Stubentüre wiederfinden konnte, denn ich hatte alles miteinander im ganzen Hause fast gänzlich verkennen gelernt, ausgenommen meiner Frau Mutter ihr klein Hündchen, welches sie immer mit zu Bette nahm und hernachmals eines unverhofften Todes sterben mußte; dasselbe erkannte ich noch an dem Schwanze, denn es hatte einen blauen Fleck unter dem Schwanze, welchen ich dem Hündchen unversehens, da ich noch vor diesem in die Schule ging, mit meinem Blaserohre, als ich nach einem Sperlinge geschossen und das Hündchen unversehenerweise unter den Schwanz getroffen, gemacht hatte. Aber meine Frau Mutter, als ich derselben ansichtig wurde, so kam sie mir, der Tebel hol mer, ganz unkennbar vor, und ich hätte es auch nimmermehr geglaubt, daß sie meine Frau Mutter wäre, wenn ich sie nicht an dem seidenen Kleide, welches ihr vormals die große Ratte zerfressen gehabt, erkannt hätte, denn es war in demselben hinten und vorne ein abscheulich groß Loch, und zu ihrem großen Glücke hatte sie das zerfressene Kleid gleich selben Tag angezogen, sonst hätte ich sie, der Tebel hol mer, nicht wiedergekannt.

Nachdem ich nun gewiß wußte und das zerfressene seidene Kleid mir genugsam zu verstehen gab, daß ich meine Frau Mutter, welche ich in so vielen unzähligen Jahren mit keinem Auge gesehen, wiederum vor mir stehen sah, so gab ich mich hernachmals auch zu erkennen und sagte, daß ich ihr fremder Herr Sohn wäre, welcher in der Welt was Rechts gesehen und erfahren hätte. O sapperment! was sperrte das Mensch vor ein Paar Augen auf, wie sie hörte, daß ich ihr Sohn Schelmuffsky sein sollte! Sie sagte anfänglich, das Ding könnte unmöglich wahr sein, daß ich ihr Herr Sohn wäre, indem ihr Herr Sohn, wie sie vernommen, einer mit von den vornehmsten Standespersonen unter der Sonnen wäre und würde, wenn er wieder nach Hause käme, so liederlich wie ich nicht aufgezogen kommen. Ich antwortete aber hierauf meiner Frau Mutter sehr artig und half ihr mit zwei bis drei Worten gleich aus dem Traume, sagend, wie daß ich nämlich einer mit von den vornehmsten Standespersonen schon in der Welt gewesen, und wie daß einem ein gut Kleid auf der Reise nichts nütze wäre, und wie daß der von Schelmuffsky ein ganz halb Jahr zu St. Malo gefangen gesessen, und ihr einziger lieber Sohn, welcher wegen einer großen Ratte, und zwar nach Adam Riesens Rechenbuche, vier Monate zu früh auf die Welt gekommen wäre. O sapperment! als meine Frau Mutter von der Ratte hörte, wie fiel mir das Mensche vor Freuden um den Hals und herzte und poßte mich, daß ichs, der Tebel hol mer, nicht sagen kann. Als sie mit mir nun eine gute Weile getändelt hatte, so fing sie vor großen Freuden an zu gransen, daß ihr die Tränen immer an den Strümpfen herunterliefen und ihre sämischen Schuhe pfützenmadennaß davon wurden. Hierzu kamen nun meine Jungfer Muhmen in ihrem Schlafhabite zur Stubentür hineingetreten und boten meiner Frau Mutter einen guten Morgen, gegen mich aber stellten sie sich, als wenn sie mich zeitlebens nicht gesehen hätten.

Meine Frau Mutter hatte auch damals einen kleinen Vetter bei sich, dasselbe war eine schlaue Wetterkröte und wurde dem Ase aller Willen gelassen. Indem nun meine Frau Mutter ihren Jungfer Muhmen erzählt, wie daß ich ihr Sohn Schelmuffsky wäre, der sich was Rechts in der Fremde versucht hätte und zu Wasser und zu Lande viel ausgestanden, so mochte es der kleine Vetter in der Stubenkammer hören, daß von Schelmuffsky geredet wurde: kam das kleine Naseweischen wie eine Ratte aus meiner Frau Mutter Bette gesprungen und guckte zur Stubentüre hinein. Sobald als er mich nun erblickte, fing der kleine Junge, der Tebel hol mer, an zu lachen und fragte mich da gleich, was ich denn schon zu Hause wieder haben wollte, indem ich kaum vierzehn Tage weg wäre? O sapperment! wie verdroß mich das Ding von dem Jungen, daß er mir von vierzehn Tagen schwatzte. Wie ich nun meine Frau Mutter hierauf fragte, ob er mich denn noch kennte, so gab ihr der Naseweis so höhnisch zur Antwort und sagte, warum er denn seinen liederlichen Vetter Schelmuffsky nicht kennen sollte. Da ihm aber meine Frau Mutter die Augen eröffnen wollte und zu ihm sprach, daß er unrecht sehen müßte und wie daß ich mich in der Fremde was Rechts sowohl zu Wasser als zu Lande versucht hätte, so fing mein kleiner Vetter wieder an: Frau Muhme, sie wird ja nicht so einfältig sein und solche Lügen glauben, ich habe mir von unterschiedlichen Leuten erzählen lassen, daß mein Vetter Schelmuffsky nicht weiter als eine halbe Meile von seiner Geburtsstadt gekommen wäre und alles miteinander mit liederlicher Kompagnie im Tobak und Branntewein versoffen. O sapperment! wie knirschte ich mit den Zähnen, als mir der Junge Tobak und Branntewein unter die Nase rieb.

Nach diesem baten mich meine Jungfer Muhmen, daß ich doch von meiner gefährlichen Reise was erzählen sollte und was ich vor Dinge in der Welt gesehen hätte. Wie ich nun Sachen vorbrachte, welche große Verwunderung bei meinen Jungfer Muhmen erweckten, so fiel mir der Junge allemal in die Rede und sagte, ich sollte nur stillschweigen, es wäre doch alles erstunken und erlogen, was ich da aufschnitte. Endlich so lief mir die Laus auch über die Leber und gab ihm, ehe er sichs versah, eine Presche, daß er flugs an die Stubentüre hinflog und die Beine hoch in die Höhe kehrte. Ei sapperment! was verführte deswegen meine Frau Mutter vor ein Spiel! Wie vielmal ich mich auch hernach des Jungens halber mit meiner Frau Mutter gezankt und gekiffen [57], das wäre, der Tebel hol mer, auf keine Eselshaut zu bringen, und ist meines Erachtens unnötig, daß ich hiervon viel Wesens mache.

Ist aber jemand kuriöse [58] und will von solchem Gekeife genauere Nachricht wissen, dem kann ich keinen bessern Rat geben, als daß er nur etliche ehrliche Weiber in der Nachbarschaft deswegen drum fragt; die werdens ihm, der Tebel hol mer, haarklein sagen.

[57] gekeift.
[58] neugierig.

2. Kapitel.

Nachdem ich mich nun innerhalb Jahresfrist ein wenig ausgemaustert hatte und die Luft etwas wiederum vertragen kunnte, so ging hernachmals kein Tag vorbei, daß ich mich nicht kontinue [59] mit meiner Frau Mutter zanken mußte. Ich war auch solch Leben so überdrüssig, als wenn ichs mit Löffeln gefressen hätte, und der Zank rührte gemeiniglich wegen meines kleinen Vetters her, weil der Junge so naseweis immer war und mir kein Wort, was ich erzählte, glauben wollte. Letztlich, wie ich sah, daß ich mich mit meiner Frau Mutter gar nicht stellen kunnte, befahl ich ihr, daß sie mir mußte ein neu Kleid machen lassen, und sagte, sie sollte mir mein Vaterteil vollends geben, ich wollte wieder in die Fremde marschieren und sehen, was in Italien und Welschland passierte, vielleicht hätte ich da besser Glück als auf der spanischen See. Meine Frau Mutter, die wollte mir nun an meinem Vorhaben nicht hinderlich sein, sondern wäre mich damals schon lieber heute als morgen gern wieder los gewesen. Sie ließ mir ein schön neu Kleid machen, welches auf der Weste mit den schönsten Leonischen Schnüren verbrämt war. Weil sie aber nicht flugs bei Ausgebegelde war und sonst noch eine Erbschaft in einer benachbarten Stadt zu fordern hatte, so gab sie mir da eine Anweisung, und ich sollte in ihrem Namen mir dort das Geld zahlen lassen, damit sie mich nur aus dem Hause wieder los würde.

Hierauf war ich her und machte selben Tag noch einen Weg dahin und vermeinte, die Gelder würden da schon aufgezählt liegen. Allein wie ich hinkam, so wollte derjenige, welcher das

Geld schuldig zu zahlen war, mich mit meiner Anweisung nicht respektieren, sondern sagte, ich wäre noch nicht mündig und dazu wüßte er auch nicht, ob ich der und der wäre. O sapperment! wie verdroß mich das Ding, daß man mich vor unmündig ansah, indem ich schon unzählige Jahre in die Fremde weit und breit herumgesehen und einer mit von den bravsten Kerlen in der Welt gewesen war. Ich tat aber das und erzählte ihm die Begebenheit von der Ratte: O sapperment! wie erschrak der Schuldmann hernach vor mir und schämte sich, der Tebel hol mer, wie ein Hund. Er wäre, halt ich dafür, wohl noch halb soviel lieber schuldig gewesen, als daß er mir nur das Nichtmündigsein unter die Nase gerieben hätte. Denn er sah mir hernach allererst recht ins Gesichte, und da er spürte, daß mir was Sonderliches aus den Augen herausfunkelte, so bat er bei mir um Verzeihung und kam auch flugs mit der Vorklage und sagte, er wollte mir gerne die Erbschaft bezahlen, allein er wäre jetzo nicht bei Mitteln, in zwei Jahren wollte er sehen, daß mir damit könnte geholfen werden. Was wollte ich nun tun, wie ich sah, daß es der gute Mann nicht hatte? Damit ich ihn aber nicht in Schaden bringen wollte (denn wenn ich geklagt, hätte er mirs schon zahlen müssen, und der Tebel hol mer, kein gut Wort dazu), so war ich her und verhandelte die ganze Erbschaft einem andern, den ließ ich mir vor den ganzen Quark den vierten Teil zahlen und gab ihm im Namen meiner Frau Mutter Vollmacht, das ganze Kapital zu heben.

Als ich nun das Geld empfangen hatte, O sapperment! wer war froher als ich, da wieder frische Pfennige in meiner Ficke klangen. Sobald ich zu meiner Frau Mutter nach Schelmerode kam, machte ich mich wieder reisefertig und packte meine Sachen alle zusammen in einen großen Kober [60], nahm von meiner Frau Mutter wie auch meinen Jungfer Muhmen mit weinenden Augen wieder Abschied und war willens, mich auf die geschwinde Post zu setzen. Indem ich nun zur Stubentür mit meinem großen Kober hinauswandern wollte, so kam mir mein kleiner Vetter entgegengegangen, von dem wollte ich nun auch gute Nacht nehmen. Wie ich ihm aber die Hand bot, so fing die Wetterkröte an zu lachen und sagte, es würde nicht nötig sein, daß ich von ihm Abschied nähme, meine Reise würde sich so weit nicht erstrecken, und wenn er sich die Mühe nehmen möchte, mir nachzuschleichen, so wollte er mich wohl im nächsten Dörfchen in einer Bauernschenke antreffen, allwo ich so lange verbleiben würde, bis die verhandelte Erbschaft in Tobak und Branntewein durch die Gurgel gejagt wäre, hernach würde ich mich schon wieder einfinden. Ei sapperment! wie verdroß mich das Ding von dem Jungen, daß er mir von dem nächsten Dorfe solche Dinge herschwatzte. Ich war aber nicht faul, sondern gab ihm unversehens eine solche Presche wieder, daß ihm das helle Feuer flugs zu den Augen heraussprang, und marschierte hierauf mit meinem großen Kober immer stillschweigend zur Stubentüre hinaus und in vollem Sprunge, was läufst du, was hast du, nach dem Posthause zu. Da hätte man nun schön Nachschreien von meiner Frau Mutter auf der Gasse gehört, wie das Mensche hinter mir herschrie und sagte: »Schlag du, Schelm, schlag, geh, daß du Hals und Beine brichst und komm nimmermehr wieder vor meine Augen«. Mein kleiner Vetter, das Naseweischen, der verfolgte mich mit Steinen bis vor an das Posthaus, allein er traf mich nicht ein einziges Mal. Als ich nun vor das Posthaus kam und die geschwinde Post schon völlig besetzt war, so wollte mich der Postillon nicht mitnehmen, doch tat er mir den Vorschlag, daß ich mich hinten in die Schoßkelle setzen sollte, wenn ich mitwollte. Worauf ich mich nicht lange besann, sondern mit gleichen Beinen flugs mit meinem Kober hineinsprang, und hieß den Postillion immer *per postae* eiligst zum Tore hinausfahren.

[59] fortwährend.
[60] Koffer.

3. Kapitel.

Es war gleich denselben Tag, als die Nacht zuvor meiner Frau Mutter die Truthühner waren gestohlen worden, da ich die ehrliche Geburtsstadt verließ und meine sehr gefährliche Reise zum andern Mal zu Wasser und zu Lande wieder antrat. Kaum waren wir einen Musketenschuß von der Stadt gefahren, so schmiß uns der Postillon um, daß flugs alle vier Räder an der Postkalesche in Stücke brachen; die Personen, so er geladen hatte, die lagen, der Tebel hol mer, im Drecke bis über die Ohren, denn es war in einem greulichen Morastloche, da er uns umschmiß. Ich hatte noch von großem Glück damals zu sagen, daß ich hinten in der Schoßkelle saß, denn wie ich sah, daß der Wagen fallen wollte, so sprang ich mit meinem Kober herunter, denn wenn ich wäre sitzengeblieben. Ei sapperment! wie würde ich mit meiner Nase im Dreck auch gelegen sein. Da war nun Lachen zu verbeißen, wie sich die Passagiere so im Kote herumwälzten. Der Postillon wußte nun beileibe keinen Rat, wie er fortkommen wollte, weil die Räder alle viere am Wagen zerbrochen waren. Nachdem ich nun sah, daß ganz keine Hilfe fortzukommen vorhanden war und ich mich nicht lange zu versäumen hatte, sondern wollte eiligst die Stadt Venedig besehen, so war ich her, nahm meinen großen Kober und bedankte mich gegen meine Reisegefährten, welche noch im Drecke dalagen, vor geleistete Kompagnie und ging immer per pedes [61] nach Italien und Welschland zu.

Denselben Tag wanderte ich noch zu Fuße zweiundzwanzig Meilen und gelangte des Abends bei zu Rüste gehender Sonne in einem Kloster an, worinnen die barmherzigen Brüder waren, der Tebel hol mer, gute Kerls, sie traktierten mich mit essender Ware recht fürstlich, aber kein gut Bier hatten sie in demselben Kloster. Ich fragte sie auch, wie es denn käme, daß sie keinen guten Tischtrunk hätten: so gaben sie mir zur Antwort, es hätte bei ihnen die Art so nicht, gut Bier zu brauen, dieweil sie mit lauter saurem Wasser versehen wären. Damit so lernte ich ihnen ein Kunststück, wie sie könnten gut Klebebier brauen, welches auch so gut schmecken würde, daß sie es gar mit Fingern austitschen würden, und wie sie danach würden brav predigen können. O sapperment! wie dankten mir die barmherzigen Brüder vor mein Kunststück, welches ich ihnen gelernt hatte. Sie stellten auch noch selben Abend eine Probe an, den Morgen früh darauf hatten sie, der Tebel hol mer, das schönste Klebebier im Bottich, welches wie lauter Zucker schmeckte. Ei sapperment! wie soffen sich die barmherzigen Brüder in dem Klebebiere zu und kunnten nicht einmal satt werden, so gut schmeckte es ihnen; sie mußten bald immer das Maul mit Fingern zuhalten, so begierig soffen sie es hinein und wurdens nicht einmal inne, wenn es ihnen gleich in die Köpfe kam. Wie mir auch die Kerls deswegen so gut waren und viel Ehre erzeigten, werde ich, der Tebel hol mer, mein Lebtage nicht vergessen. Sie baten mich auch, daß ich eine Weile bei ihnen bleiben sollte, allein ich hatte keine Lust dazu.

Da ich von denselben nun wieder Abschied nahm, gaben sie mir einen Haufen Viktualien [62] mit auf den Weg, daß ich nicht verhungern sollte, denn die barmherzigen Brüder hatten gleich den Tag zuvor (welches der Freitag war im Kloster) sechs Eckerschweine [63] geschlachtet, davon kriegte ich eine große lange Wurst und ein abscheulich Stück dicken Speck mit auf meine gefährliche Reise. Nun kann ichs, der Tebel hol mer, wohl sagen, daß ich dergleichen Speck mein Lebetage noch nicht in der Welt gesehen hatte, als wie ich bei den barmherzigen Brüdern da antraf, und wenn er nicht sechs Ellen dicke war, so will ich, der Tebel hol mer, kein brav Kerl sein.

Nachdem ich nun von den barmherzigen Brüdern Abschied genommen hatte und mein großer Kober ziemlich mit Proviant gespickt war, so nahm ich meinen Weg immer nach Venedig zu. Unterwegens erholte ich eine geschwinde Post, welche auch willens war, nach Venedig zu fahren, und weil der Postillon nicht viel Personen geladen hatte, so dingte ich mich auf dieselbe, doch traute ich mich nicht unter die Kompagnie mit zu setzen aus Furcht, der Postknecht möchte etwa auch umwerfen wie der vorige, und man könnte nicht wissen, wie das Umwerfen allemal glückte, so setzte ich mich wieder hinten mit meinem großen Kober in die Schoßkelle und hieß den Postillion *per postae* nach Italien und Welschland fortfahren. Wir fuhren etliche Tage sehr glücklich, und wie wir etwa noch einen Büchsenschuß von Venedig hatten, allwo man zwischen großen hängigen Bergen fahren muß, so schmiß der Postillion, ehe wir es uns versahen, den Postwagen um, daß er wohl den einen Berg hinunter über tausendmal sich mit uns überkepelte, und nahm, der Tebel hol mer, keiner nicht den geringsten Schaden. Ausgenommen zwei Räder, die gingen an der Postkalesche vor die Hunde. Aber die wir auf dem Postwagen saßen, wurden alle miteinander tüchtig von dem Sande bestoben, denn es gibt um Venedig herum nichts als lauter sandige Berge. Doch muß ich gestehen, daß sich die Stadt Venedig von ferne, der Tebel hol mer, recht proper präsentiert [64], denn sie liegt auf einem großen hohen Steinfelsen und ist mit einem vortrefflichen Wall umgeben.

Als ich nun die Stadt Venedig zu Fuße mit meinem großen Kober erreicht, so kehrte ich im Weißen Bocke ein, allwo ich sehr gute Bequemlichkeit und Bedienung hatte. Die Wirtin, welches eine Wittfrau war, die empfing mich sehr freundlich und führte mich gleich in eine wunderschöne Kammer, worinnen über zweihundert gemachte Betten stunden; dieselbe Kammer gab sie mir zur Verwahrung meiner Sachen ein und nahm mit einem höflichen Komplimente wiederum Abschied. Wie ich nun allein in der wunderschönen Kammer war, nahm ich meinen Kober vom Halse ab, machte ihn auf und langte mir aus demselben ein weiß Hemde. Sobald als ich mir nun das weiß Hemde angezogen hatte, versteckte ich meinen großen Kober mit den Sachen unter ein gemacht schön Bette, damit ihn niemand finden sollte, und ging aus der Kammer wieder heraus, schloß sie zu und fragte die Wirtin, was denn gutes Neues in der Stadt Venedig passierte. Die Wirtin, die gab mir zur Antwort und sagte, es wäre jetzo allerhand (indem es Jahrmarkt wäre) auf dem Sankt Marxplatze zu sehen. O sapperment! wie nahm ich meinen Marsch nach dem Sankt Marxplatze zu, als die Wirtin vom Jahrmarkte schwatzte. Ich war her und holte meinen großen Kober mit meinen Sachen geschwinde wieder aus der Kammer und hing denselben an, damit mir derselbe, weil es Jahrmarkt war, nicht irgend wegkommen sollte. Wie ich nun auf den Sankt Marxplatz kam, Ei sapperment! was stunden da vor wunderschöne Häuser, desgleichen ich in Holland und England wie auch in Schweden und ganz Indien an keinem Orte niemals noch nicht gesehen hatte. Sie waren, der Tebel hol mer, mit den kostbarsten Marmorsteinen ausgemauert und war ein Haus wohl über fünfzig Geschoß hoch, und vor einem jedweden Hause rings um den Markt herum stund eine große Plumpe, aus Ursachen, weil das Wasser da so selten ist. Mitten auf dem Sankt Marxplatze nun stund eine große Glücksbude, da griff nun hinein, wer wollte, es mußte aber die Person vor einen jedweden Griff einen Dukaten geben; es waren auch aber Gewinste darinnen zu sechzig- bis siebzigtausend Talern und gab auch sehr geringe Gewinste, denn der geringste Gewinst wurde nur auf einen Batzen wertgeschätzt, welches in

Deutschland sechs Pfennige macht.

Wie ich nun sah, daß manche Leute brav gewannen, so war ich her und wagte auch einen Dukaten dran und wollte mein Glück versuchen. Als ich nun in den Glückstopf hineingriff, O sapperment! was waren da vor Zettel! ich will wetten, daß wohl über tausend Schock Millionen Zettel in dem Glückstopfe da vorhanden waren. Indem ich nun in den Glückstopf mit beiden Händen hineinfühlte, so tat ich auch einen solchen Griff, daß ich die Zettel bald alle auf einmal mit beiden Fäusten herausgriff. Da dieses der Glückstöpfer sah, O sapperment! wie klopfte er mich auf die Finger, daß ich so viel Zettel herausgeschleppt brachte, welche ich aber miteinander flugs wieder hineinschmeißen mußte und hernach vor meinen Dukaten nur einen einzigen hinausnehmen, welches ich auch tat. Wie ich nun vor meinen Dukaten einen Zettel aus dem Glückstopfe herausgenommen hatte und ihn aufmachte, so war es eine gute Nummer, und zwar Nummer elf, dieselbe mußte ich nun dem Glücksbüdner zeigen. Nun meinten damals alle Leute, ich würde was Rechts davontragen, weil ich eine ungleiche Nummer ergattert hätte, aber wie danach gesehen wurde, was Nummer 11 mit sich brachte, so war es ein Bartbürstchen vor sechs Pfennig, O sapperment! wie lachten mich die um die Glücksbude herumstehenden Leute alle miteinander mit meinem Bartbürstchen aus. Ich kehrte mich aber an nichts, sondern war her und griff noch einmal in den Glückstopf hinein und langte noch einen Zettel heraus, derselbe hatte nun wiederum eine gute Nummer, denn es war Nummer 098 372 641 509. Sapperment! wie sperrten die Leute alle miteinander in und an der Glücksbude die Mäuler auf, daß ich so eine vortreffliche Nummer ergriffen hatte. Wie nun in der Glücksbude nachgesehen wurde, was meine vortreffliche Nummer vor einen Gewinst hatte, so war es ein Pferd vor fünfhundert Taler und des Glücksbüdners seine Frau, welche auf tausend Dukaten stund. O Morbleu! was war vor ein Zulauf, wie es kundbar wurde: Signor Schelmuffsky hätte sich in der Glücksbude so wohl gehalten. Ich mußte mich nun gleich auf das gewonnene Pferd setzen, und die tausend Dukaten anstatt des Glückstöpfers seiner gewonnenen Frau wurden alle an ein Paternoster gereiht, dieselben mußte ich über meinen großen Kober hängen und in der ganzen Stadt herumreiten, damit die Leute meinen Gewinst sahen. Es mußten auch vor meinem Pferde hergehen neunundneunzig Trommelschläger, achtundneunzig Schalmeipfeifer und ihrer drei mit Lauten und einer Zither; die zwei Lauten und die einzige Zither klungen auch so anmutig unter die Trompeten und Schalmeien, daß man, der Tebel hol mer, sein eigen Wort nicht hören kunnte. Ich aber saß darbei sehr artig zu Pferde, und das Pferd mußte wohl sein auf der Reitschule und auf dem Tanzboden gewesen, denn wie die Musik ging, so tanzte es auch und trottierte, der Tebel hol mer, unvergleichlich. Wie mich auch das Frauenzimmer zu Venedig, als ich auf den St. Marxplatz kam, in einem ansah, kann ich, der Tebel hol mer, nicht genugsam beschreiben, denn es lachte alles an meinem ganzen Leibe, und kunnte ein jeder flugs sich an den Fingern abzählen, daß meinesgleichen wohl schwerlich würde in der Welt zu finden sein.

Unter währendem Herumreiten ließen mir wohl über dreißig Nobelspersonen auf der Gasse nachschicken und ließen mich untertänigst grüßen und schön bitten, ich möchte ihnen doch berichten, wer und wes Standes ich wäre, damit sie ihre schuldigste Aufwartung bei mir abstatten könnten. Ich ließ aber den Nobelspersonen allen sehr artig wieder zur Antwort sagen, wie daß ich mich zwar was Rechts in der Welt schon versucht hätte und wäre in Schweden, in Holland und England wie auch bei dem Großen Mogol in Indien ganzer vierzehn Tage lang gewesen und wäre mir auf seinem vortrefflichen Schlosse Agra viel Ehre widerfahren; wer ich nun sein müßte, das könnten sie leichtlich riechen. Hierauf so ritt ich mit meiner Musik nun wieder fort, und als ich vor dem Rathause vorbeitrottieren wollte, so fielen mir unvermuteterweise sechsundzwanzig Häscher meinem Pferde in den Zaum und schrien alle zugleich: »Halt!« Wie ich nun stillhalten mußte, so kamen die großen Ratspersonen, welche in vierzehnhundert Nobels bestunden, die bekomplimentierten mich und schätzten sich glücklich, daß sie die hohe Ehre haben sollten, meine vornehme Gegenwart zu genießen. Als sie solch Kompliment gegen mich nun abgelegt hatten, so antwortete ich zu Pferde überaus artig auch wieder in halb engländischer, holländischer wie auch bisweilen deutscher Sprache.

Sobald als nun meine Antwortsrede aus war, hießen mich die sämtlichen Ratsherren absteigen und baten mich, daß ich ihr vornehmer Gast sein sollte. Worauf ich mit meinem großen Kober alsobald abstieg und gab Order, mein Pferd so lange ins Häscherloch zu ziehen, bis daß ich gegessen hätte. Welches auch geschah. Damit so führten mich drei Präsidenten in der Mitten auf das Rathaus hinauf, hinter mir her gingen nun die sämtlichen Mitglieder des Rats alle zu zwölfen in einer Reihe. Wie wir nun elf Treppen hoch auf das Rathaus gestiegen waren, Ei sapperment! was präsentierte sich da vor ein schöner Saal. Er war mit lauter geschliffenen Werkstücken von Glas gepflastert und anstatt des Tafelwerks waren die Wände mit lauter marmorsteinernem Gipse ausgemalt, welches einem fast ganz die Augen verblendete. Mitten auf dem Saale, nicht weit von der Treppe, stund eine lange von venedischem Glase geschnittene Tafel gedeckt, auf welcher die raresten und delikatesten Speisen stunden. Ich mußte mich nun mit meinem großen Kober ganz zu oberst an die Tafel setzen, und neben mir saßen die drei Präsidenten, welche mich die elf Treppen hinaufgeführt hatten. Weiter an der Tafel hinunter saßen die übrigen Mitglieder des Rats und sahen mich alle mit höchster Verwunderung an, daß ich solchen Appetit zu essen hatte. Unter währender Mahlzeit wurde nun von allerhand diskuriert, ich aber saß anfänglich ganz stille und stellte mich, als wenn ich nicht drei zählen könnte. Da ich mich aber satt gefressen hatte, so tat ich hernach mein Maul auch auf und fing an zu erzählen, wie daß ich in Indien einstmals von dem Großen Mogol so trefflich wäre beschenkt worden, und wie daß ich demselben den Kalkulum wegen seiner Einkünfte hätte führen müssen, und wie ich noch halb soviel Überschuß herausgebracht, als er jährlich hätte einzunehmen gehabt, und wie daß der Große Mogol mich deswegen zu seinem Reichskanzler machen wollen, weil ich Adam Riesens Rechenbuch so wohl verstanden. O sapperment! wie horchten die Herren des Rats zu Venedig, da ich von dem Reichskanzler und Adam Riesens Rechenbuche schwatzte. Sie titulierten mich hernach nicht anders als Ihre Hochwürden und fingen alle miteinander gleich an, meine Gesundheit zu trinken. Bald sagte einer: »Es lebe derjenige, welcher in Indien hat sollen des Großen Mogols Reichskanzler werden und hats nicht annehmen wollen«.

Bald fing ein anderer an und sagte: »Es lebe derjenige, welcher noch halb soviel Überschuß über des Großen Mogols Einkünfte herausbringen kann, ob ers gleich nicht einzunehmen hat«. Welche und dergleichen Gesundheiten wurden nun von allen über der gläsernen Tafel mir zuliebe getrunken.

Wie nun meine Gesundheit herum war, so fing der eine Präsident, welcher flugs neben mir saß, zu mir an und sagte, ich sollte doch meine hohe Geburt nicht länger verborgen halten, denn er hätte schon aus meinen Diskursen vernommen, daß ich nicht eines schlechten Herkommens sein müßte, sondern es leuchtete mir was Ungemeines aus meinen Augen heraus. Hierauf besann ich mich, ob ich mich wollte zu erkennen geben oder nicht. Endlich so dachte ich, du willst ihnen doch nur die Begebenheit von der Ratte erzählen, damit sie Maul und Ohren brav aufsperren müssen, weil sie es nicht besser wollen gehabt haben. O sapperment! was erweckte das Ding bei den vierzehnhundert Ratsherren vor groß Aufsehens, als ich von der Ratte anfing zu schwatzen. Sie steckten, der Tebel hol mer, an der Tafel die Köpfe alle miteinander zusammen und redeten wohl drei ganzer Zeigerstunden heimlich von mir; was sie aber durcheinanderplisperten, das kunnte ich gar nicht verstehen. Doch soviel ich von meinem Herrn Nachbar zur rechten Hand vernehmen kunnte, sagte er zu dem einen Präsidenten: wann ichs annehmen wollte, so könnte ich Überaufseher des Rats zu Venedig werden, weil sie indem niemand hätten, der sich dazu schickte. Nachdem sie sich nun alle so durcheinander heimlich beredet hatten, so fingen sie alle zugleich an zu reden und sagten: »Wir wollen Ihre Hochwürden zu unserm Ratsinspektor machen, wollen Sie es wohl annehmen?« Auf dieses gute Anerbieten gab ich dem sämtlichen Ratskollegio flugs sehr artig wieder zur Antwort und sagte: »Vielgeehrte Herren und respektive werte Herzensfreunde! Daß ich ein brav Kerl bin, dasselbe ist nun nicht Fragens wert, und daß ich mich in der Welt, sowohl zu Wasser als zu Lande, was Rechts versucht habe, solches wird der bekannte Seeräuber Hans Barth, welchem ich auf der spanischen See mit meinem vortrefflichen Rückenstreicher einen großen Flatschen von seiner krummen Habichtsnase gesäbelt, selbst gestehen müssen, daß meinesgleichen in der Welt wohl schwerlich von Konduite [65] wird gefunden werden«. O sapperment! wie sahen mich die vierzehnhundert Ratsherren alle nacheinander an, als sie von meinem Rückenstreicher und von meiner Konduite hörten.

Worauf auch der eine Präsident zu mir gleich sagte, das sämtliche Kollegium hätte nun schon aus meiner Antwort vernommen, daß ich solche angetragene Charge [66] wohl schwerlich akzeptieren würde, indem mein Gemüte nur an dem Reisen seine Lust hätte. Hierzu schwieg ich nun stockmausestille und machte gegen die drei Präsidenten ein über alle Maßen artig Kompliment und stund, ehe sie sichs versahen, wie ein Blitz von der Tafel auf. Da solches dieselben nun sahen, daß ich aufstund, fingen sie gleich auch an, alle miteinander aufzustehen.

Da sie nun merkten, daß meines Bleibens nicht länger sein wollte, so beschenkte mich der ganze Rat mit einem künstlich geschnittenen venedischen Glase, welches auf zwanzigtausend Taler geschätzt wurde; dasselbe sollte ich ihnen zum ewigen Andenken aufheben und zuzeiten ihre Gesundheit daraus trinken. Es wäre auch geschehen, wenn ich nicht, wie man ferner hören wird, solches unverhofterweise zerbrochen hätte.

Nachdem ich nun von dem sämtlichen Rate zu Venedig wieder Abschied genommen und mich vor so große erzeigte Ehre bedankt hatte, steckte ich das geschenkte schöne kostbare Glas in meinen großen Kober und ließ mir von etlichen Klaudittgen [67] mein in der Glücksbude gewonnenes Pferd aus dem Häscherloche wieder herausziehen und auf den Saal oben hinaufbringen. Daselbst setzte ich mich nun mit meinem großen Kober wieder zu Pferde und ritt mit so einer artigen Manier im vollen Kurier die Treppe hinunter, daß sich auch die Ratsherren alle miteinander über mein Reiten höchst verwunderten und meinten nicht anders, ich würde Hals und Beine brechen müssen, weil es so glatt auf der Treppe wäre, indem die Stufen von dem schönsten geschnittenen venedischen Glase gemacht waren; allein mein Pferd, das war gewandt, es trottierte wie ein Blitz mit mir die gläsernen Treppen hinunter, daß es auch nicht einmal ausglatterte. Unten vor dem Häscherloche, da paßten nun meine Musikanten wieder auf und sobald sie mich sahen von dem Rathause heruntergeritten kommen, so fingen die mit den Trommeten gleich an eine

Sarabande [68] zu schlagen, die Schalmeipfeifer aber pfiffen den Totentanz drein und die zwei mit den Lauten spielten das Lied dazu: »Ich bin so lange nicht bei dir gewesen«, und der mit der Zither klimperte den Altenburgischen Bauerntanz hintennach.

Nun kann ichs, der Tebel hol mer, nicht sagen, wie die Musik so vortrefflich zusammenklang, und mein Pferd machte immer ein Hoppchen nacheinander dazu. Damit so wollte ich nun noch einmal um den St. Marxplatz herumreiten, und zwar nur deswegen, die Leute dadurch an die Fenster zu locken und daß sie sich wacker über mein vortrefflich Reiten verwundern sollten. Welches auch geschah. Denn als ich mit meinem großen Kober über den St. Marxplatz wieder geritten kam, so steckten wohl auf dreißigtausend Menschen die Köpfe zu den Fenstern heraus, die sahen sich bald zum Narren über mich, weil ich mit meinem großen Kober so galant zu Pferde saß. Wie wohl mir auch das Ding von den Leuten gefiel, daß sie die Augen so brav über mein vortrefflich Zupferdesitzen aufsperrten, dasselbe werde ich, der Tebel hol mer, zeitlebens nicht vergessen. Aber was ich auch dabei vor einen Pfui-dich-an mit einlegte, davon werden noch bis dato die kleinen Jungen zu Venedig auf der Gasse zu schwatzen wissen.

Man höre nur, wie mirs ging. Indem ich nun mit meinem großen Kober überaus artig um den St. Marxplatz herumritt und alle Leute Maul und Nasen über mich aufsperrten, so zog ich ein Pistol aus der einen Halfter und gab damit Feuer. Der Glückstöpfer hatte mir aber zuvor (als ich das Pferd bei ihm gewonnen) nicht gesagt, daß es schußscheu wäre und kein Pulver riechen könnte. Wie ich nun so in aller Herrlichkeit das Pistol losschoß, so tat das Pferd, ehe ichs mich versah, einen Ruck und schmiß mich, der Tebel hol mer, mit meinem großen Kober flugs aus dem Sattel heraus, daß ich die Länge lang auf dem St. Marxplatz dorthinfiel und das wunderschöne Glas, welches so kostbar sein sollte, in hunderttausend Stücken zerbrach. O sapperment! wie fingen die Leute alle miteinander an, mich auszulachen. Ich war aber her und stund mit meinem großen Kober geschwinde wieder auf und lief immer hinter dem Pferde her und wollte es wieder haschen. Wenn ich denn nun bald an ihm war und wollte das Rabenas hinten beim Schwanze ergreifen, so fing die Schindmähre allemal geschwinde an zu trottieren und kurbettierte eine Gasse hinauf, die andere wieder nieder. Ich jagte mich wohl drei ganzer Stunden mit dem Schindluder in der Stadt Venedig herum und kunnte es doch nicht kriegen. Endlich so lief es gar zum Tore hinaus und in ein Stück Hafer, welcher flugs vorm Tore auf einen Steinfelsen gesät stund, hinein; da dachte ich nun, ich wollte es ergattern, und lief ihm immer im Hafer nach, allein ich kunnte seiner, der Tebel hol mer, nicht habhaftig werden, denn je mehr ich dem Ase nachlief, je weiter trottierte es ins Feld hinein und lockte mich mit den Narrenspossen bis vor die Stadt Padua, ehe ich solches wiederbekommen kunnte. Ich hätte, halt ich dafür, dasselbe wohl noch nicht gekriegt, wenn nicht ein Bauer aus der Stadt Padua mit einem Mistwagen wäre herausgefahren kommen, welcher eine Stute mit vor seinen Wagen gespannt hatte, bei derselben blieb mein gewonnenes Pferd, weil es ein Hengst war, stillstehen.

Wie ich dasselbe nun wieder hatte, so setzte ich mich mit meinem großen Kober gleich wieder drauf und beratschlagte mich da mit meinen Gedanken, ob ich wieder nach Venedig oder in die Stadt Padua flugs spornstreichs hineinreiten wollte und selbige auch besehen. Bald gedachte ich in meinem Sinn: was werden doch immer und ewig die Musikanten denken, wo Signor Schelmuffsky muß mit seinem großen Kober geblieben sein, daß er nicht wiederkommt? Bald gedachte ich auch: reitest du wieder nach Venedig zu und kommst auf den St. Marxplatz, so werden die Leute den von Schelmuffsky wacker wieder ansehen und die kleinen Jungen einander in die Ohren plispern: »Du siehe doch, da kommt der vornehme Herr mit seinem großen Kober wiedergeritten, welchen vor vier Stunden das Pferd herunterwarf, daß er die Länge lang in die Gasse dahinfiel, wir wollen ihn doch brav auslachen«. Endlich dachte ich auch: kommst du nach Venedig wieder hinein und der Rat erfährt es, daß du das wunderschöne Glas schon zerbrochen hast, so werden sie dir ein andermal einen Quark wieder schenken. Faßte derowegen eine kurze Resolution und dachte: Gute Nacht Venedig! Signor Schelmuffsky muß sehen, wie es in Padua aussieht; und rannte hierauf in vollem Schritte immer in die Stadt Padua hinein.

[61] zu Fuße.
[62] Eßwaren.
[63] mit Eckern gemästete.
[64] recht gut ausnimmt.
[65] Benehmen.
[66] Amt.
[67] Häscher.
[68] feierlicher, langsamer Tanz.

4. Kapitel.

Padua ist, der Tebel hol mer, eine brave Stadt; ob sie gleich nicht gar groß ist, so hat sie doch lauter schöne neue Häuser und liegt eine halbe Stunde von Rom. Sie ist sehr volkreich von Studenten, weil so eine wackere Universität da ist. Es sind bisweilen über dreißigtausend Studenten in Padua, welche in einem Jahre alle miteinander zu Doktors gemacht werden. Denn da kann, der Tebel hol mer, einer leicht Doktor werden, wenn er nur Speck in der Tasche hat und scheut dabei seinen Mann nicht. In derselben Stadt kehrte ich nun mit meinem Pferde und großen Kober in einem Gasthofe, zum Roten Stier genannt, ein, allwo eine wackere, ansehnliche Wirtin war. Sobald ich nun mit meinem großen Kober von dem Pferde abstieg, kam mir die Wirtin gleich entgegen gelaufen, fiel mir um den Hals und küßte mich, sie meinte aber nicht anders, ich wäre ihr Sohn. Denn sie hatte auch einen Sohn in die Fremde geschickt, und weil ich nun unangemeldet flugs in ihren Gasthof hineingeritten kam, und sie meiner nur von hinten ansichtig wurde, so mochte sie in dem Gedanken stehen, ihr Sohn käme geritten; so kam sie sporstreichs auf mich zu gewackelt und kriegte mich von hinten beim Kopfe und herzte mich. Nachdem ich ihr aber sagte, daß ich der und der wäre und die Welt auch überall durchstankert hätte, so bat sie hernach bei mir um Verzeihung, daß sie so kühn gewesen wäre.

Es hatte dieselbe Wirtin auch ein paar Töchter, die führten sich, der Tebel hol mer, galant und proper in Kleidung auf, nur schade war es um dieselben Menscher, daß sie so hochmütig waren und allen Leuten ein Klebefleckchen wußten anzuhängen, da sie doch, der Tebel hol mer, von oben bis unten selbst zu tadeln waren. Denn es kunnte kein Mensch mit Frieden vor ihrem Hause vorbeigehen, dem sie nicht allemal was auf den Ärmel hefteten, und kiffen [69] sich einen Tag und alle Tage mit ihrer Mutter, ja sie machten auch bisweilen ihre Mutter so herunter, daß es Sünde und Schande war, und hatten sich an das häßliche Fluchen und Schwören gewöhnt, daß ich, der Tebel hol mer, vielmal dachte: Was gilts? die Menscher werden noch auf dem Miste sterben müssen, weil sie ihre eigene Mutter so verwünschen. Allein es geschah der Mutter gar recht, warum hatte sie dieselben in der Jugend nicht besser gezogen. Einen kleinen Sohn hatte sie auch noch zu Hause, das war noch der beste; sie hielt ihm unterschiedene Präzeptores, aber derselbe Junge hatte zu dem Studieren keine Lust. Seine einzige Freude hatte er an den Tauben und auch (wie ich in meiner Jugend) an dem Blaserohre, mit demselben schoß er im Vorbeigehen, wenn es Markttag war, die Bauern immer auf die Köpfe und versteckte sich hernach hinter die Haustür, daß ihn niemand gewahr wurde. Ich war demselben Jungen recht gut, nur des Blaserohrs halber, weil ich in meiner Jugend auch so einen großen Narren daran gefressen hatte.

Nun hätte auch diese Wirtin so gerne wieder einen Mann gehabt, wenn sie nur einer hätte haben wollen, denn der sappermentsche Kupido mußte ihr eine abscheulich große Wunde mit seinem Pfeile gemacht haben, daß sie in ihrem sechzigjährigen Alter noch so verliebt um den Schnabel herum aussah. Sie hätte, halt ich dafür, wohl noch einen Leg-dich-her bekommen, weil sie ihr gutes Auskommen hatte. Den ganzen Tag redete sie von nichts anders als von Hochzeit machen und von ihrem Sohne, welcher in der Fremde wäre, und sagte, was derselbe vor ein so stattlicher Kerl wäre.

Ich hatte, halt ich davor, noch nicht drei Wochen bei derselben Wirtin logiert, so stellte sich ihr fremder Sohn zu Hause wieder ein. Er kam, der Tebel hol mer, nicht anders als ein Kesselflicker aufgezogen und stunk nach Tobak und Branntewein wie der ärgste Marodebruder [70]. Ei sapperment! was schnitt der Kerl Dinges auf, wo er überall gewesen wäre, und waren, der Tebel hol mer, lauter Lügen.

Wie ihn nun seine Mutter und Schwestern wie auch sein kleiner Bruder bewillkommet hatten, so wollte er mit seinen Schwestern Französisch an zu reden fangen, allein er kunnte, der Tebel hol mer, nicht mehr vorbringen als »oui«. Denn wenn sie ihn auf deutsch fragten, ob er auch da und da gewesen wäre, so sagte er allemal »oui«. Der kleine Bruder fing zu ihm auch an und sagte: »Mir ist erzählt worden, du sollst nicht weiter als bis Halle in Sachsen gewesen sein: ists denn wahr?« So gab er ihm gleichfalls zur Antwort: »Oui«. Als er nun hierzu auch »oui« sprach, mußte ich mich, der Tebel hol mer, vor Lachen in die Zunge beißen, daß ers nicht merkte, daß ich solche Sachen besser verstünde als er. Denn ich kunnte es ihm gleich an den Augen absehen, daß er über eine Meile Weges von Padua nicht mußte gewesen sein.

Wie ihm das Französischreden nicht wohl fließen wollte, so fing er Deutsch an zu reden und wollte gerne fremde schwatzen, allein die liebe Muttersprache verriet ihn immer, daß auch das kleinste Kind es hätte merken können, daß es lauter gezwungen Werk mit seinem Fremdereden war. Ich stellte mich nun dabei ganz einfältig und gedachte von meinen Reisen anfänglich nicht ein Wort. Nun da hat der Kerl Dinge hergeschnitten, daß einem flugs die Ohren davon hätten weh tun mögen, und war nicht ein einzig Wort wahr. Denn ich wußte es alles besser, weil ich dieselben Länder und Städte, da er wollte gewesen sein, schon längst an den Schuhen abgerissen hatte.

Die Studenten, so im Hause waren, die hießen ihn nicht anders als den Fremden und zwar aus den Ursachen, weil er wollte überall gewesen sein. Man denke nur, was der sappermentsche Kerl, der Fremde, vor abscheuliche große Lügen vorbrachte. Denn als ich ihn fragte, ob er auch was Rechts da und da zu Wasser gesehen und ausgestanden hätte, so gab er mir zur Antwort, wann er mirs gleich lange sagte, so würde ich einen Quark davon verstehen. O sapperment! wie verdroß mich das Ding von dem nichtswürdigen Bärenhäuter, daß er mir da von einem Quarke schwatzte; es fehlte nicht viel, so hätte ich ihm eine Presche gegeben, daß er flugs an der Tischecke hätte sollen kleben bleiben, so aber dachte ich, was schmeißt du ab, du willst ihn nur aufschneiden lassen und hören, was er weiter vorbringen wird. Ferner so fing der Fremde nun an, von Schiffahrten zu schwatzen. Nun kann ichs, der Tebel hol mer, nicht sagen, was der Kerl vor Wesens von den Schiffen machte und absonderlich von solchen Schiffen, die man nur Dreckschüten [71] nennt. Denn er erzählte seinen Schwestern mit großer Verwunderung, wie er bei abscheulichem Ungestüm und Wetterleuchten auf einer Dreckschüte mit zweitausend Personen von Holland nach England in einem Tage gefahren wäre und hätte keiner keinen Schuh naß gemacht. Worüber sich des Fremden seine Schwestern sehr verwunderten. Ich aber sagte hierzu nicht ein Wort, sondern mußte innerlich bei mir recht herzlich lachen, weil der Fremde so ein großes Wesen von der lumpigen Dreckschüte da erzählte. Ich mochte ihn nur nicht beschimpfen und auf seine Aufschneidereien antworten. Denn wenn der Kerl hätte hören sollen, wie daß ich mit meinem verstorbenen Bruder Grafen über hundert Meilen auf einem Brette schwimmen müssen, ehe wir einmal Land gerochen hätten, und wie daß auch einstmals ein einziges Brett unser fünfzig das Leben errettet: O sapperment! wie der Fremde die Ohren aufsperren sollen und mich ansehen! So aber dachte ich, du willst ihn immer aufschneiden lassen, warum sein die Menscher solche Narren und verwundern sich flugs so sehr über solchen Quark. Weiter erzählte der Fremde auch, wie er wäre in London gewesen und bei dem Frauenzimmer in solchem Ansehen gestanden, daß sich auch eine sehr vornehme Dame so in ihn verliebt hätte gehabt, daß sie keinen Tag ohne ihn leben können, denn wenn er nicht alle Tage wäre zu ihr gekommen, so hätte sie gleich einen Kammerjunker zu ihm geschickt, der hätte ihn auf einer Chaise de Roland mit elf gelben Rappen bespannt allemal holen müssen; und wenn er nun zu derselben vornehmen Dame gekommen wäre, so hätte sie ihm allzeit erstlich einen guten Rausch in Mastixwasser zugesoffen, ehe sie mit ihm von verliebten Sachen zu schwatzen angefangen. Er hätte es auch bei derselben Dame so weit gebracht, daß sie ihm täglich fünfzigtausend Pfund Sterling in Kommission gegeben, damit er nun anfangen mögen, was er nur selbsten gewollt. O sapperment! was waren das wieder vor Lügen von dem Fremden, und seine Schwestern, die glaubten ihm nun, der Tebel hol mer, alles miteinander. Die eine fragte ihn, wie viel denn ein Pfund Sterling an deutscher Münze wäre. So gab er zur Antwort, ein Pfund Sterling wäre nach deutscher Münze sechs Pfennige. Ei sapperment! wie verdroß mich das Ding von dem Kerl, daß er ein Pfund Sterling nur vor sechs Pfennige schätzte, da doch, der Tebel hol mer, nach deutscher Münze ein Pfund Sterling einen Schreckenberger macht, welches in Padua ein halber Batzen [72] ist. Über nichts kunnte ich mich innerlich so herzlich zulachen, als daß des Fremden sein kleiner Bruder sich immer so mit dreinmengte, wann der Fremde Lügen erzählte, denn derselbe wollte ihm gar kein Wort nicht glauben, sondern sagte allemal, wie er sich doch die Mühe nehmen könne, von diesen und jenen Ländern zu schwatzen, da er doch über eine Meile Weges von Padua nicht gekommen wäre. Den Fremden verschnupfte das Ding, er wollte aber nicht viel sagen, weils der Bruder war, doch gab er ihm dieses zur Antwort: »Du Junge verstehst viel von dem Taubenhandel«. Den kleinen Bruder verdroß das Ding auch, daß der Fremde ihn einen Jungen hieß und von dem Taubenhandel schwatzte, denn die Wetterkröte bildete sich auch ein, er wäre schon ein großer Kerl, weil er von dem sechsten Jahre an bis in das fünfzehnte schon den Degen getragen hatte. Er lief geschwind zur Mutter und klagte ihrs, daß ihn sein fremder Bruder einen Jungen geheißen hatte. Die Mutter verdroß solches auch und war hierauf her und gab ihm Geld, schickte ihn hin auf die Universität in Padua, daß er sich da mußte einschreiben lassen und ein Studente werden.

Wie er nun wiederkam, so fing er zu seinem fremden Bruder an und sagte: »Nun bin ich doch auch ein rechtschaffener Kerl geworden, und Trotz sei dem geboten, der mich nicht dafür ansieht«. Der Fremde sah den kleinen Bruder von unten bis oben, von hinten und von vorne mit einer höhnischen Miene an, und nachdem er ihn überall betrachtet hatte, sagte er: »Du siehst noch jungenhaftig genug aus«. Den kleinen Bruder verdroß das Ding erschrecklich, daß ihn der Fremde vor allen Leuten so beschimpfte. Er war her und zog sein Fuchtelchen da heraus und sagte zu dem Fremden: »Hast du was an mir zu tadeln oder meinest, daß ich noch kein rechtschaffener Kerl bin, so schier dich her vor die Klinge, ich will dir weisen, was Burschenmanier ist«. Der Fremde hatte nun blutwenig Herze in seinem Leibe, als er des kleinen Bruders bloßen Degen sah, er fing an zu zittern und zu beben und kunnte vor großer Angst nicht ein Wort sagen, daß auch endlich der kleine Bruder den Degen wieder einsteckte und sich mit dem Fremden in Güte vertrug. Wie sehr aber der neue Akademikus von den Hausburschen und andern Studenten gevexiert [73] wurde, das kann ich, der Tebel hol mer, nicht sagen. Sie hießen ihn nur den unreifen Studenten, ich fragte auch, warum sie solches täten, so wurde mir zur Antwort gegeben: deswegen wurde er nur der unreife Student geheißen, weil er noch nicht tüchtig auf die Universität wäre, und dazu so hielte ihm seine Mutter noch täglich einen Moderator [74], welcher ihn den Donat [75] und Grammatika lernen mußte. Damit aber der unreife Student die Schande nicht haben wollte, als wenn er noch unter der Schulrute erzogen würde, so machte er den andern Studenten weis, der Moderator wäre sein Stubengeselle.

Indem mir nun einer von den Hausburschen solches erzählt

hatte und noch mehr Dinge von dem unreifen Studenten erzählen wollte, so wurde ich gleich zur Mahlzeit gerufen. Über Tische fing der Fremde nun wieder an, von seinen Reisen aufzuschneiden, und erzählte, wie daß er wäre in Frankreich gewesen und bei einem Haare die Ehre gehabt, den König zu sehen. Wie ihn nun seine Schwestern fragten, was vor neue Moden jetzo in Frankreich wären, so gab er ihnen zur Antwort: wer die neuesten Trachten und Moden zu sehen verlangte, der sollte nur ihn fragen, denn er hielte bis dato noch einen eigenen Schneider in Frankreich, welchem er jährlich Pensionsgelder gäbe, er möchte ihm nun was machen oder nicht; wer was bei demselbigen wollte von den neusten Moden verfertigen lassen, der sollte nur zu ihm (als nämlich zu dem Fremden) kommen. Er wollte es ihm hineinschicken, denn derselbe Schneider dürfte sonst niemand einen Stich arbeiten, wenn ers nicht haben wollte. Ich kanns, der Tebel hol mer, nicht sagen, wie der Fremde seinen Leibschneider herausstrich und verachtete dabei alle Schneider in der ganzen Welt, absonderlich von den Schneidern in Deutschland wollte er gar nichts halten, denn dieselben (meinte der Fremde) wären nicht einen Schuß Pulver wert aus Ursachen, weil sie so viel in die Hölle [76] schmissen.

Nachdem er solches erzählt und seine Jungfern Schwestern hierzu nicht viel sagen wollten, so rief er den Hausknecht, derselbe mußte geschwinde in die Apotheke laufen und ihm vor vier Groschen Mastixwasser holen. Nun kann ichs, der Tebel hol mer, nicht sagen, was der Fremde vor Wesens und Aufschneidens von dem Mastixwasser machte, wie nämlich dasselbe frühmorgens vor die Mutterbeschwerung und vor den Ohrenzwang so gesund wäre, und wie es den Magen einem so brav zurechte wieder harken könnte, wenn es einem speierlich im Halse wäre. Ich dachte aber in meinem Sinn, lobe du immerhin dein Mastixwasser, ich will bei meiner Bomolie bleiben. Denn ich sage es noch einmal, daß auf der Welt nichts Gesunders und Bessers ist, als ein gut Gläschen voll Bomolie, wann einem übel ist. Als nun der Hausknecht mit dem Mastixwasser kam. Ei sapperment! wie soff der Fremde das Zeug so begierig in sich hinein! Es war nichts anders, als wenn er ein Glas Wasser in sich hineingösse, und gingen ihm die Augen nicht einmal davon über.

Nachdem der Fremde nun vor vier Groschen Mastixwasser auf sein Herze genommen hatte, so fing er ferner an zu erzählen von den Handelschaften und Kommerzien in Deutschland und sagte, wie daß sich die meisten Kaufleute nicht recht in die Handlungen zu finden wüßten und der hundertste Kaufmann in Deutschland nicht einmal verstünde, was Kommerzien wären. Hingegen in Frankreich, da wären brave Kaufleute, die könnten sich weit besser in den Handel schicken als wie die dummen Deutschen. O sapperment! wie horchte ich, als der Fremde von den dummen Deutschen schwatzte. Weil ich nun von Geburt ein Deutscher war, so hätte ich ja, der Tebel hol mer, wie der ärgste Bärenhäuter gehandelt, daß ich dazu stillschweigen sollen, sondern ich fing hierauf gleich zu ihm an und sagte: »Höre doch, du Kerl! Was hast du auf die Deutschen zu schmälen? Ich bin auch ein Deutscher, und ein Hundsfott, der sie nicht alle vor die bravsten Leute ästimiert«. Kaum hatte ich das Wort Hundsfott dem Fremden unter die Nase gerieben, so gab er mir unversehenerweise eine Presche, daß mir die Gusche [77] flugs wie eine Bratwurst davon auflief. Ich war aber her und kriegte den Fremden hinter dem Tische mit so einer artigen Manier bei seinem schwarzen Nischel [78] zu fassen und gab ihm vor die eine Presche wohl tausend Preschen. O sapperment! wie gerieten mir seine Schwestern wie auch der unreife Student und der Moderator oder, daß ich recht sage, des unreifen Studentens sein Stubengeselle, in meine Haare und zerzausten mich da tüchtig. Ich wickelte mich aber aus dem Gedränge eiligst heraus, sprang hinter dem Tische vor und lief nach dem Kachelofen zu, daselbst hatte ich in der Hölle meinen großen Kober an einem hölzernen Nagel hängen, denselben nahm ich herunter, und weil er von dem Specke, welchen ich von den barmherzigen Brüdern im Kloster geschenkt bekommen, brav schwer war, so hätte man da schön Abkobern gesehen, wie ich sowohl des Fremden Schwestern und den unreifen Studenten wie auch des unreifen Studenten Moderator (ei, wollte ich sagen Stubengesellen) und den Fremden selbst mit meinem großen Kober da zerpumpte. Daß auch der Fremde vor großer Angst das Mastixwasser, welches er über Tische so begierig hineingesoffen hatte, mit halsbrechender Arbeit wieder von sich spie und unter währendem Speien um gut Wetter bat: wenn er ausgespien hätte, so wollte er die ganze Sache mit mir vor der Klinge ausmachen. O sapperment! was war das vor ein Fressen vor mich, als der Fremde von der Klinge schwatzte. Worauf ich auch alsobald »Topp« sagte und ihn mit meinem großen Kober nicht mehr schmiß. Des unreifen Studenten Stubengesellen aber koberte ich gottsjämmerlich ab, und ich sage, daß ich ihn endlich gar hätte zu Tode gekobert, wenn nicht des Fremden Mutter und Schwestern so erschrecklich vor ihn gebeten hätten, denn er stund überaus wohl bei den Töchtern und der Mutter.

Nachdem der Fremde nun mit Speien wieder fertig war, hing ich meinen großen Kober wieder in die Hölle und suchte meinen langen Stoßdegen zur Hand, welchen ich dazumal trug, und forderte ihn hierauf vors Tor. Der Fremde suchte seinen Degen auch hervor, dasselbe war nun eine große breite Musketierplempe mit einem abscheulichen Korbe, damit marschierten wir beide nun spornstreichs nach dem Tore zu. Der unreife Studente wollte mit seinem Stubengesellen auch hinten nachgelaufen kommen, allein ich und der Fremde jagten die Bärenhäuter wieder zurück. Wie wir nun vor das Tor hinauskamen, so war gleich flugs nahe an der Ringmauer ein hoher spitziger Berg, denselben kletterten wir hinauf und oben auf der Spitze des Berges gingen wir zusammen. Wir hätten uns zwar unten am Berge schlagen können, allein so hatten wir keine Sekundanten bei uns, denn wenn wir Sekundanten gehabt, hätten dieselben mit bloßen Degen hinter uns stehen müssen, damit von uns keiner zurückweichen können. In Ermangelung derselben aber mußte uns der hohe spitzige Berg sekundieren, denn da durfte und kunnte von uns beiden auch keiner ausweichen; denn wenn nur einer einen Strohhalm breit aus seiner Positur gewichen, so wären wir, der Tebel hol mer, alle beide den Berg hinuntergepurzelt und hätten Hals und Beine über unserer Schlägerei morsch entzweigebrochen; so aber mußten ich und der Fremde oben auf der Spitze wie eine Katze innehalten und unter währendem Schlagen wie eine Mauer auf den Knochen stehen. — Ehe wir uns aber anfingen zu schmeißen, so fing der Fremde zu mir an und sagte, ich sollte mit ihm auf den Hieb gehen, weil er keinen Stoßdegen hätte, oder wenn ichs zufrieden wäre, so wollte er den ersten Gang mit mir auf den Hieb gehen, den andern Gang wollte er mit mir auf den

Stoß versuchen. Ich sah aber nun gleich, daß der Fremde kein Herze hatte, sondern sagte: Kerl, schier dich nur her, es gilt mir alles gleich, ich will mit dir nicht lange Federlesens machen. Damit so zogen wir beide vom Leder und gingen miteinander da auf den Hieb zusammen. Ei sapperment! wie zog ich meinen Stoßdegen mit so einer artigen Manier aus der Scheide heraus! Den ersten Hieb aber, so ich mit meinem Stoßdegen nach dem Fremden tat, so hieb ich ihm seine große Plempe flugs glatt von dem Gefäße weg und im Rückzuge streifte ich ihm die hohe Quarte über der Nase weg und hieb ihm, der Tebel hol mer, alle beide Ohren vom Kopf herunter. O sapperment! wie lamentierte der Fremde, da er seine Ohren vor sich liegen sah. Ich war auch willens, ihm wie dem Seeräuber Hans Barth eine stumpfichte Nase zu machen, weil er aber so sehr um die Ohren tat und mich bat, daß ich ihn ungeschoren lassen sollte und daß er zeitlebens keinen Deutschen wieder verachten wollte, sondern allezeit sagen, die Deutschen wären die bravsten Leute unter der Sonne, so steckte ich meinen Stoßdegen wieder ein und hieß ihn beide Ohren nehmen und damit eiligst zum Barbier wandern, vielleicht könnten sie ihm wieder angeheilt werden.

Hierauf war er her und wickelte seine Ohren in ein Schnupftuch und nahm seine zerspaltene Plempe mit dem großen Korbgefäße unter den Arm und ging mit mir in die Stadt Padua hinein. In dem großen Hause flugs am Tore neben dem Aufpasser wohnte ein berühmter Feldscher, welcher auch wacker wollte gereist sein; zu demselben hieß ich den Fremden mit seinen abgehauenen Ohren gehen, und sollte da hören, ob sie ihm wohl könnten wieder angeheilt werden. Der Fremde aber hatte keine Lust, zum Feldscher hinzugehen, sondern sagte, er wollte erstlich ein gut Gläschen Mastixwasser auf die Schmerzen aussaufen, hernach so wollte er sich zum Schinder in die Kur begeben und bei dem hören, ob seine Ohren wieder könnten angeheilt werden. Nachdem er dieses zu mir gesagt, so ging er von mir und nahm seinen Marsch immer nach der Apotheke zu. Ich aber war her und schlich mich heimlich in des Fremden seiner Mutter Haus, allwo ich im Quartier lag, daß mich keiner gewahr wurde, und praktizierte mit so einer artigen Manier meinen großen Kober aus der Stube hinter der Hölle weg, setzte mich wieder auf mein gewonnenes Pferd und ritt da ohne Stallgeld und ohne Abschied immer zur Stadt Padua hinaus und nach Rom zu.

Von derselben Zeit an habe ich den Fremden wie auch den unreifen Studenten mit seinem Moderator oder, sage ich, Herrn Stubengesellen mit keinem Auge wiedergesehen. Nachricht aber habe ich seithero von dem Universitätsboten aus Padua erhalten, daß der Schinder dem Fremden die Ohren wiederum feliziter [79] sollte in zwei Tagen angeheilt haben. Er hätte aber die zwei Tage über vortrefflichen Fleiß bei ihm angewendet und hätte unter währender Kur der Fremde über zwölf Kannen Mastixwasser muttersteinallein ausgesoffen, und von demselben Mastixwasser (meinte der Universitätsbote) wäre er meistenteils wieder zurechte geworden.

Was den unreifen Studenten und Moderator wie auch des Fremden ganze Familie anbelangt, so habe ich bis dato nichts erfahren können, was sie machen müssen.

Nun Adieu, Padua, Signor Schelmuffsky muß sehen, wie Rom aussieht.

[69] keiften.
[70] vagabondierender Soldat.
[71] Holländisch Trekschuyte: ein Kahn, der geschleppt wird.
[72] Ein Pfund Sterling ist in deutscher Münze ungefähr 20 M.; ein Batzen entspricht etwa 10 Pfg. heutiger Reichswährung.
[73] gefoppt.
[74] Pauker.
[75] lateinische Grammatik.
[76] Vertiefung in dem Tische, auf dem die Schneider bei der Arbeit zu sitzen pflegen.
[77] Schnauze.
[78] Kopf.
[79] glücklich.

5. Kapitel.

Rom ist, der Tebel hol mer, auch eine wackere Stadt, nur immer und ewig schade ists, daß dieselbe von außen keinen Prospekt [80] hat. Sie ist gebaut in lauter Rohr und Schilf und ist mit einem Wasser, welches der Tiberfluß genannt wird, ringsumher umgeben, und fließt die Tiber mitten durch Rom und über den Markt weg. Denn auf dem Markte kann kein Mensche zu Fuße nicht gehen, sondern wenn Markttag da gehalten wird, so müssen die Bauersleute ihre Butter und Käse oder Gänse und Hühner in lauter Dreckschüten feil haben. O sapperment! was gibt es täglich vor unzählig viel Dreckschüten auf dem römischen Markte zu sehen! Wer auch nur eine halbe Mandel Eier in Rom verkaufen will, der bringt sie auf einer Dreckschüte hinein zu Markte geschleppt. Daß auch manchen Tag etliche tausend Dreckschüten auf der Bauerreihe dort halten und keine vor der andern weichen kann. Vortreffliche Fische gibts des Markttages immer in Rom zu verkaufen und absonderlich was Heringe anbelangt, die glänzen auch, der Tebel hol mer, flugs von Fette wie eine Speckschwarte und lassen sich überaus wohl essen, zumal wenn sie mit Bomolie brav fett begossen werden. Nun ist es zwar kein Wunder, daß es so fette Heringe da gibt, denn es ist, der Tebel hol mer, ein über alle Maßen guter Heringsfang vor Rom auf der Tiber, und wegen der Heringe ist die Stadt Rom in der Welt weit und breit berühmt. Es mag auch eine Heringsfrau in Deutschland sitzen, wo sie nur wolle, und mag auch so viel Heringe haben, als sie nur immer will, so sind sie, der Tebel hol mer, alle auf der Tiber bei Rom gefangen, denn der Heringsfang gehört dem Papste, und weil er immer nicht wohl zu Fuße ist und es selbst abwarten kann, so hat er denselben etlichen Schiffern verpachtet, die müssen dem Papste jährlich viel Tribut davon geben.

Wie ich nun mit meinem großen Kober zu Pferde vor Rom angestochen kam, so konnte ich wegen der Tiber nicht in die Stadt Rom hineinreiten, sondern mußte mich mit meinem großen Kober und Pferde auf eine Dreckschüte setzen und da lassen bis in die Stadt Rom hineinfahren. Als ich nun mit meinem großen Kober zu Pferde auf der Dreckschüte glücklich angelangte, so nahm ich mein Quartier bei einem Sterngucker, welcher in der Heringsgasse nicht weit von dem Naschmarkte wohnte. Derselbe war, der Tebel hol mer, ein überaus braver Mann, mit seiner Sternguckerei halber fast in der ganzen Welt bekannt. Absonderlich was den Fixstern anbelangte, aus demselben kunnte er erschreckliche Dinge prophezeien, denn wenn es nur ein klein wenig regnete und die Sonne sich unter trübe Wolken versteckt hatte, so kunnte ers einem gleich sagen, daß der Himmel nicht gar zu helle wäre. Derselbe Sterngucker führte mich nun in der ganzen Stadt Rom herum und zeigte mir alle Antiquitäten, die da zu sehen sein, daß ich auch von dergleichen Zeuge so viel gesehen habe, daß ich mich jetzo auf gar keines mehr besinnen kann. Letztlich so führte er mich auch bei der St. Peterskirche in ein groß steinern Haus, welches mit marmorsteinernen Ziegeln gedeckt war, und wie wir da hinein und oben auf einen schönen Saal kamen, so saß dort ein alter Mann in Pelzstrümpfen auf einem Großvaterstuhle und schlief. Zu demselben mußte ich mich auf Befehl des Sternguckers sachte hinschleichen, ihm die Pelzstrümpfe auszuziehen und hernach die Füße küssen.

Da ich ihm nun die Knochen geküßt hatte, so wollte ich ihn immer aufwecken. So aber winkte mir der Sterngucker, daß ich ihn nicht aus dem Schlafe verstören sollte, und sagte ganz sachte zu mir, ich sollte Ihrer Heiligkeit die Pelzstrümpfe wieder anziehen. O sapperment! als ich von der Heiligkeit hörte, wie eilte ich mich, daß ich ihm die Pelzstrümpfe wieder an die Knochen brachte und mit dem Sterngucker wieder zum Saale hinunter- und zum Hause hinausmarschierte. Vor der Haustüre sagte mirs nun der Sterngucker erstlich recht, daß es Ihre Päpstliche Heiligkeit gewesen wäre, dem ich die Füße geküßt hätte, und meinte auch dies dabei: wer von fremden Deutschen nach Rom käme und küßte dem Papste die Füße nicht, der dürfte sich hernachmals nicht rühmen, wenn er wieder nach Deutschland käme, daß er zu Rom gewesen wäre, wann er solches nicht getan hätte.

Und also kann ichs mit gutem Rechte sagen, daß ich zu Rom bin gewesen, es wäre denn, daß mir der Sterngucker aus dem Fixsterne einen blauen Dunst vor die Nase gemacht und daß es sonst etwa ein alter Botenläufer gewesen wäre. Wenn ich aber drauf schwören sollte, daß es der Papst, welchem ich die Füße geküßt gehabt, gewiß gewesen wäre, so könnte ichs, der Tebel hol mer, nicht mit gutem Gewissen tun, denn der Sternseher kam mir für, als wenn er mehr als Brot fressen könnte, weil er sein Herze so sehr an den Fixstern gehangen hatte; sobald er auch nur an den Fixstern gedachte, so wußte er schon, was in dem Kalender vor Wetter stund.

Derselbe Sterngucker war ein vortrefflicher Kalendermacher; er lernte mir dieselbe Kunst auch; ich habe auch sehr viel Kalender gemacht, welche noch alle geschrieben unter der Bank liegen und treffen doch, der Tebel hol mer, noch bisweilen ziemlich ein. Sollte ich wissen, daß Liebhaber dazu möchten gefunden werden, wollte ich mit der Zeit etwa einen herfürsuchen und zur Probe herausgeben. Doch kommt Zeit, kommt Rat.

Damit ich aber wieder auf meinen vorigen Diskurs komme und erzähle, wohin mich der Sterngucker weitergeführt, als ich dem Papste die Füße geküßt hatte. Flugs an der St. Peterskirche war ein ganz enges Gäßchen, durch dasselbe führte mich der Sterngucker und immer vor bis an den Markt. Wie wir nun an den Markt kamen, so fragte er mich, ob ich Lust und Belieben hätte, mich in eine Dreckschüte zu setzen und ein wenig mit nach dem Heringsfange spazieren zu fahren. Ich sagte hierzu gleich Topp. Darauf setzten wir uns beide in eine Dreckschüte und fuhren da, weil wir guten Wind hatten, immer auf der Tiber übern Markt weg, und unten bei dem Heringstore zu einem Schlauchloche hindurch und nach dem Heringsfange zu.

Wie wir nun mit unserer Dreckschüte an den Heringsfang kamen: O sapperment! was war vor ein Gelamentiere von den Schiffsleuten, welche den Heringsfang gepachtet hatten. Da ich nun fragte, was es wäre, so erzählten sie mir mit weinenden Augen, wie daß ihnen der Seeräuber Barth mit der stumpfichten Nase großen Abbruch an ihrer Nahrung getan und ihnen nur vor einer halben Viertelstunde über vierzig Tonnen frische Heringe mit etlichen Kapers schelmischerweise weggenommen hätte. O sapperment! wie lief mir die Laus über die Leber, als ich von Hans Barthens stumpfichter Nase hörte; da dachte ich gleich, daß es derselbe Kerl sein müßte, welcher mich mit so erschrecklich viel Kapers weiland auf der spanischen See ohne Räson in Arrest genommen und dadurch dasselbemal zum armen Manne gemacht hatte. Ich war flugs hierauf her und fragte die Schiffsleute, wo der Galgenvogel mit den Heringstonnen zugemarschiert wäre. Da sie mir nun sagten und zeigten, daß er noch auf der Tiber mit seinem Kaperschiffe, worauf er die vierzig Tonnen frische Heringe gepackt hatte, zu sehen wäre, so setzte ich ihm geschwind mit etlichen Dreckschüten nach, und weil so vortrefflich guter Wind war, so ergatterte ich ihn noch mit dem Sterngucker und etlichen Schiffsleuten eine halbe Meile von dem Heringsfange.

O sapperment! wie fiel dem Hans Barth das Herze in die Hosen, da er mich nur von ferne kommen sah; er wurde wie ein Stück Käse so rot im Angesichte und mochte sich wohl flugs erinnern, daß ich der und der wäre, welcher seiner Nase vormals so einen erschrecklichen Schandflecken angehängt hätte. Als wir nun auf unsern Dreckschüten Hans Barthen mit den vierzig gestohlenen Heringstonnen einholten, so fing ich gleich zu ihm an: »Höre doch, du Kerl, willst du die Heringe wieder hergeben, welche du den armen Schiffsleuten abgenommen hast, oder willst du haben, daß ich dir deine krumme stumpfichte Habichtsnase vollends heruntersäbeln soll?« Der Hans Barth gab mir hierauf zur Antwort und sagte, er wollte sich eher sein Leben nehmen lassen, ehe er in Güte einen Schwanz nur von einem Hering wiedergäbe. Hierauf so rückte ich mit meiner Dreckschüte an sein Kaperschiff hinan und kriegte meinen langen Stoßdegen heraus; nun da hätte man schön Fuchteln gesehen, wie ich den Hans Barth auf seinem Kaperschiffe exerzierte. Er wehrte sich zwar auch mit seinen Kapers, allein sie kunnten mir nichts anhaben. Denn wenn sie gleich nach mir hieben oder stachen, so war ich wie ein Blitz mit meiner Dreckschüte auf der Seite, den Hans Barth aber jagte ich, der Tebel hol mer, immer um die vierzig Heringstonnen, welche er auf sein Schiff geladen hatte, herum und hieb wie Kraut und Rüben auf ihn hinein. Endlich war ich so sehr auf den Galgenvogel erbittert, daß ich mich ganz nahe mit meiner Dreckschüte an sein Kaperschiff machte und ehe er sichs versah, bei seinen diebischen Federn zu fassen kriegte, aus dem Kaperschiffe herauszog und plumps in die Tiber hineintauchte. O sapperment! da hätte man schön Schreien gesehen, wie der Hans Barth schrie; er bat mich fast um Himmels willen, ich sollte ihm wieder heraushelfen, daß er nicht ersöffe, er wolle den Schiffsleuten ihre vierzig Heringstonnen herzlich gerne wiedergeben. Als ich dieses von Hans Barthen hörte, so gab ich gleich den Schiffsleuten Befehl, das Kaperschiff zu plündern, und hielt ihn so lange im Wasser bei den Ohren, bis sie die Heringstonnen wieder hatten, hernach ließ ich ihn mit seinem leeren Kaperschiffe hinfahren, wo er wollte. O sapperment! was war da vor ein Jubelgeschrei unter den Schiffsleuten, welche den Heringsfang gepachtet hatten, daß sie durch mich zu ihren Tonnenheringen wieder gekommen waren.

Sie baten mich auch alle miteinander, ich sollte Heringsverwahrer werden, sie wollten mir jährlich zehntausend Pfund Sterling geben, allein ich hatte keine Lust dazu. Wie wir nun auf unsern Dreckschüten mit den vierzig Tonnen Heringen bei dem Heringsfange wieder anlangten, so verehrten mir zum Trinkgelde die Heringspächter eine Tonne von den besten Heringen, die lud ich in meine Dreckschüte und fuhr damit nebst dem Sterngucker wieder in die Stadt Rom hinein. Als ich nun zum Sterngucker ins Quartier kam, so ließ ich die Tonne aufschlagen und probierte einen, wie er schmeckte. Nun kann ichs, der Tebel hol mer, nicht sagen, wie fett dieselben Heringe waren, daß man sie auch ohne Salz, da sie doch im Einlegen schon scharf gesalzen waren, nicht fressen kunnte. Weil ich nun wußte, daß meine Frau Mutter eine große Liebhaberin von einem frischen Heringe war, so packte ich die geschenkte Tonne Heringe in meinen großen Kober und schickte ihr dieselben durch einen eigenen Boten nach Schelmerode in Deutschland zu, schrieb ihr auch einen sehr artigen Brief dazu, welcher folgenden Inhalts war:

»Mit Wünschung Gutes und Liebes zuvor,
ehrbare und ehrenfeste Frau Mutter!
Wenn die Frau Mutter noch fein frisch und gesund ist, so wird mirs, der Tebel hol mer, eine rechte Freude sein, ich meinesteils bin jetzo ein brav Kerl wieder geworden und lebe zu Rom, allwo ich bei einem Sterngucker logiere, welcher mir das Kalendermachen gelernt hat. Die Frau Mutter hat auch durch diesen Boten in

meinem großen Kober frische Heringe zu empfangen, welche mir
von den Heringspächtern zu Rom sein verehrt worden. Im übrigen wird der Bote meinen ganzen Zustand mündlich berichten,
die Frau Mutter lebe wohl und schicke mir in meinem großen
Kober ein Fäßchen gut Klebebier mit zurück und schreibe mir,
wie es ihr geht und ob sie den kleinen Vetter noch bei sich hat, so
werde ich allezeit verbleiben
der ehrbaren und ehrenfesten Frau Mutter
allezeit reisebegierigster einziger lieber Sohn
Signor von Schelmuffsky.
Rom, den 1. April, im Jahr nach Erbauung der Stadt Rom 090«.

Diesen Brief schickte ich nun nebst meinem Kober voll frischen Heringen durch einen eigenen Boten zu Fuß meiner Frau Mutter in Deutschland zu; es gingen nicht vierzehn Tage ins Land, so brachte mir der Bote in meinem großen Kober von meiner Frau Mutter folgendes zur Antwort wieder:

»Ehrbarer und namhafter Junggeselle von
Schelmuffsky, mein lieber Sohn!
Ich habe deinen großen Kober mit den frischen Heringen empfangen und habe auch deinen Brief gelesen, und hat mir der Bote
auch deinen ganzen Zustand erzählt, worüber ich mich sehr erfreut habe; was mich anbelangt, so bin ich jetzo sterbenskrank,
und wenn du mich noch einmal sehen willst, so komm geschwinde nach Hause; dein kleiner Vetter läßt dich grüßen und
deine Jungfer Muhmen lassen dir einen guten Tag sagen und
lassen dich auch bitten, du möchtest doch geschwinde heimkommen. Lebe wohl und halt dich nicht lange in der Fremde auf.
Ich verharre dafür lebenslang
deine liebe Frau Mutter in Deutschland,
wohn- und seßhaftig zu Schelmerode.
Schelmerode, den 1. Januari 1621.
PS. Das Klebebier ist jetzo alle sauer, sonst hätte ich dir herzlich
gerne was mitgeschickt«.

Als ich meiner Frau Mutter ihren Brief nun gelesen, O sapperment! wie packte ich alles in meinen großen Kober zusammen,
sattelte mein Pferd, nahm von dem Sterngucker Abschied, setzte

mich mit meinem Pferde in der Stadt Rom auf öffentlichem Markte wieder in eine Dreckschüte und fuhr da immer *per postae* bei dem Heringstore unten zu einem Schlupfloche hinaus. Vor dem Tore so stieg ich nun von der Dreckschüte ab, setzte mich mit meinem großen Kober auf mein Pferd und marschierte immer nach Deutschland zu. Ich nahm meinen Weg durch Polen und ritt auf Nürnberg zu, allwo ich des Nachts über in der Goldenen Gans logierte. Von da so wollte ich meinen Weg durch den Schwarzwald durch nehmen, welcher zwei Meilen Weges von Nürnberg liegt. Ich war kaum einen Büchsenschuß in den Schwarzwald hineingeritten, so kamen mir unverhofterweise zwei Buschklepper auf den Hals, die zogen mich, der Tebel hol mer, reine aus und jagten mich im bloßen Hemde mit einem Buckel voll Schläge von sich. O sapperment! wie war mir da zumute, daß mein Pferd, meine Kleider, meine tausend Dukaten und mein großer Kober mit allerhand Mobilien fort war.

Da war, der Tebel hol mer, Lachen zu verbeißen. Ich kunnte mir aber nicht helfen, sondern mußte sehen, wie daß ich mich aus dem Schwarzwalde herausfand und von da mit Gelegenheit mich vollends nach Schelmerode bettelte. Wie ich nun im bloßen Hemde zu Hause bei meiner kranken Frau Mutter bewillkommnet wurde und mich mein kleiner Vetter auslachte, dasselbe wird entweder künftig im dritten Teile meiner gefährlichen Reisebeschreibung oder in meinen kuriösen Monaten, wovon ich in der Vorrede gedacht [81], sehr artig auch zu lesen sein.

Weswegen denn jetzo ein jedweder mit
mir sprechen wolle: Schelmuffskys
anderer Teil seiner gefährlichen
Reisebeschreibung hat
nun auch ein
Ende.

[80] schöne Ansicht.

[81] Die Fortsetzung seiner interessanten Reiseberichte ist uns Schelmuffsky leider schuldig geblieben.

www.ingramcontent.com/pod-product-compliance
Lightning Source LLC
Chambersburg PA
CBHW030406170426
43202CB00010B/1508